한국인, 죽기 전에 꼭 해야 할 17가지

2000명의 죽음을 지켜본 호스피스 전문의가 말하는

한국인, 죽기 전에 꼭 해야 할 17가지

염창환 지음

21세기북스

지은이의 말

그들은 행복했고, 해피엔딩의 주인공이었습니다

흔하지만 유명한 말이 있다.

"당신이 헛되이 보낸 오늘은 어제 죽어간 이가 그토록 살고 싶어 하던 내일이었다."

어쩌면 우리는 매 순간을 치열하게 살고 있다고 말하면서도 오늘이나 내일에 큰 의미를 두지 않고 있는지도 모르겠다. 나조차도 적지 않은 임종을 지키며 자신의 삶을 반성하고 되돌아보지만 하루의 소중함을 많이 잊고 지낸다.

나의 환자는 대부분 암환자이고, 그중 반 이상은 암과의 사투에서 끝내 이기지 못하고 삶의 종착역으로 가기 위해 준비하는 사람들이다. 그리고 나는, 그들의 마지막 여행이 힘들지 않도록 가능한 행복한 죽음을 맞을 수 있게 도와주는 '호스피스 의사'다.

사실 '죽음'이 '행복'할 수는 없다. 이처럼 어울리지 않는 단어도 없다. 그러나 분명한 것은 죽음이란 피하려 해도 피할 수 없는 숙명이라는 것이다.

생의 종착역을 앞둔 사람에게 행복이란 그리 거창하거나 화려하지 않다. 소박함 그 자체다. 어제보다 좀 더 수월하게 숨 쉬고, 못 먹었던 보리차 한 모금을 달게 먹을 수 있다는 사실만으로도 그들은 희망을 발견하고 행복해한다. 이를 지켜보는 가족들도 기쁨으로 감사하며 하루하루를 소중히 여기게 된다. 그들은 하루가 아쉬운 만큼 그 하루를 더더욱 사랑하며 추억한다. 그리고 사랑하는 사람의 마지막 길이 외롭지 않게 가슴에 온기를 가득 채우면서 죽음을 맞이할 수 있기를 바란다.

그러나 모든 사람이 죽음을 쉽게 받아들이는 건 아니다. 지위고하를 막론하고 눈을 감기 전 하는 말이 있다. "더 살고 싶습니다." "아직은 해야 할 일이 남아 있습니다." "살려주세요."

삶에 대한 애착은 아직 정리하지 못한 일이나 후회하는 일들이 많을수록 더하다. 후회는 아쉬움으로 남고 죽음이 다가올수록 욕심이 생기기 마련이다. 후회하지 않는 삶을 사는 것이 최선이지만 그것은 결코 쉬운 일이 아니다. 그러기에 우리의 일상을 소중하게 여기고 사랑을 표현하며 사는 것이 훗날의 '나'를 위해 필요하다.

사십 대 초반의 나이에 안타깝게 생을 마감해야 했던 여성이 있었다. 그녀는 이십 대 초반에 자신을 쫓아다녔던 동갑내기 청년과 결혼을 했다. 그러나 결혼 전 그녀를 위해서라면 모든 것을 다해주겠다고 약속했던 남편은 그렇지 못했다. 그녀는 남편보다 생활력이 강해 아이를 낳은 후에도 생활전선에서 치열한 삶을 살았고, 어느 순간부터는 삶에 치여 '그냥' 살게 되었다.

그러던 어느 날 자궁경부암이라는 청천벽력과도 같은 진단을 받았고, 치료 노력에도 일 년 후 재발이라는 아픔을 겪어야 했다. 상태가 악화되자 그녀는 자신을 이렇게 만든 것이 남편이라며 원망했다. 나는 어떻게든 부부를 화해시키려고 노력했지만 안타깝게도 성공하지 못했다.

"내가 저 사람만 만나지 않았어도 이런 몹쓸 병에 걸리지 않았을 거야. 내가 저 사람과 살지만 않았어도 내 인생이 이렇게 비참하고 우울하지는 않았을 거야."

그녀는 죽는 순간까지 남편을 원망하고 용서하지 않았으며, 자신의 삶도 제대로 정리하지 못하고 떠났다. 그녀가 살아온 인생이 부질없고 쓸모없게 되어버린 안타까운 순간이었다. 분명히 행복한 순간들이 있었을 텐데 그녀는 그런 추억은 기억의 저편으로 묻어버리고 후회와 원망이 가득한 외로운 길을 택했다. 풍족하고 여유로운 삶을 살지 못했다 해도 인생의 마지막 순간을 어떻게 정리하느냐에 따라 인생이라는 드라마가 해피엔딩이 될지 새드엔딩이 될지 결정된다는 사실을 그녀는 몰랐다.

누군가 물었다.
"매일같이 죽는 사람을 보는 게 힘들지 않나요?"
처음엔 힘들고 우울하기만 한 일이었지만, 나는 환자와 그들의 가족들에게 돈으로 살 수 없는 것들을 배웠다. 그리고 성장해갔다. 여전히 죽어가는 이들을 치유할 수 없다는 것이 고통스럽긴 하지만.
예전에 호스피스 활동으로 알게 된 지인의 말이 생각난다.
"사람은 살다가 언젠가 죽음을 맞이하게 됩니다. 그때 누군가 도와주는 것이 얼마나 고마운 일인가 생각해보세요. 편안하고 행복한 죽음을 맞도록 하는 것도 행복한 삶을 살도록 하는 것만큼 중요합니다. 하지만 어쩌면 우리 호스피스들은 임종하는 사람을 도와주고 있는 것이 아니라 그들에게 어떻게 살아야 하는지에 대해 도움을 받고 있는 것인지도 몰라요."
이 말의 의미를 알기까지 꽤 많은 시간이 걸렸다. 분명한 것은 떠나는 그들에게 내가 얼마의 도움이 되었는지는 알 수 없지만, 그들은 떠나면서 나에게 값을 따질 수 없는 '훌륭한 유산'을 남겨 주었다. 하루하루를 소중히 여기고 작은 것에 감사하며 어제보다 오늘을, 오늘보다는 내일을 더 사랑하며 사는 것이 그들이 남긴 마지막 유산임을 가슴 깊이 새기며 이야기를 시작한다.

내 삶의 스승이 되었던
나의 모든 환자와 가족을 기억하며
염창환

차 례

지은이의 말. 그들은 행복했고, 해피엔딩의 주인공이었습니다   5

첫 번째. 꿈은 그들이 살아가는 이유였습니다   12

두 번째. 짧은 시간이었지만 온 힘을 다해 사랑했습니다   28

세 번째. 미안함도 사랑의 일부입니다   40

네 번째. 소녀는 투정하지 않았습니다   54

다섯 번째. 너무 늦지 않아 다행입니다   68

여섯 번째. 끝까지 뛰기를 포기하지 않았습니다   84

일곱 번째. 슬픔 뒤, 다시 시작입니다   96

여덟 번째. 주는 기쁨을 알게 되었습니다   108

아홉 번째. 최선을 다했기에 후회하지 않았습니다   122

열 번째. 사랑하는 만큼 살고 싶었습니다   136

열한 번째. 성공을 열어준 것은 열정이었습니다　　　　　　　　　　　　150

열두 번째. 늘 감사했기에 늘 행복했습니다　　　　　　　　　　　　　162

열세 번째. 작은 위로가 나를 살게 했습니다　　　　　　　　　　　　　172

열네 번째. 뒤늦게 알게 되는 행복이 있습니다　　　　　　　　　　　　186

열다섯 번째. 친구가 있어 그 길도 걸을 수 있었습니다　　　　　　　　200

열여섯 번째. 나를 사랑하는 일은 나를 행복하게 합니다　　　　　　　212

열일곱 번째. 생소한 여유가 진짜 삶을 알게 했습니다　　　　　　　　224

추천사. 많은 죽음을 지켜본 사람들이 이 책을 추천하는 이유　　　　238

먼 꿈을 바라보며 하루하루 그 마음에 끼는 때를
씻어나가는 것이 곧 생활이다.
아니, 그것이 생활을 헤치고 나가는 힘이다.

— 라이너 마리아 릴케

첫 번째

꿈은 그들이
살아가는 이유였습니다

누구에게나 꿈이 있고, 그 꿈은 때론 살아 있는 이유가 되기도 한다. 그리고 꿈을 이루고 나면 "지금 죽어도 여한이 없다."라고 말한다. 하지만 눈을 감는 마지막 순간까지도 이루지 못한 간절한 꿈이 있다면 그것은 세상 무엇보다 큰 후회가 되기도 한다.

    대부분은 자신의 행복을 위해 꿈을 꾼다. 하지만, 어머니는 다르다. 우리의 어머니들은 자신보다 자식들을 위한 꿈을 꾼다. 그렇기에 자식들을 향한 그들의 꿈은 세상 무엇보다 간절하고, 그것을 이루지 못한 채 생의 마지막을 앞두게 되었을 때 그 마음은 누구보다 초조하고 절절할 수밖에 없다. 죽음을 앞둔 순간에도 오로지 자식의 행복을 바라는 그 마음을 어떤 말로 표현할 수가 있을까. 여기 생의 마지막 순간까지 자식을 향한 간절한 꿈을 품었던 어머니가 있다.

그리고 그런 어머니를 위해 마지막까지 기도를 멈추지 않았던 한 아들이 있다.

  5년 전 이야기다. 따가운 햇볕이 부담스럽게 느껴지던 여름의 문턱에서 한 청년이 어머니를 모시고 병원에 내원했다. 그의 어머니는 당시 예순세 살, 담도암 말기로 3개월이라는 짧은 삶을 허락받은 상태였다. 동행한 아들은 그해 신학대학교를 졸업하고, 한국 외방 선교회 소속으로 선교와 봉사의 삶을 위해 캄보디아로 곧 떠나야 한다고 했다. 그래서 떠나기 전 아픈 어머니의 얼마 남지 않은 삶을 보살펴 줄 호스피스 의사를 찾아온 것이다.
  "어머니께서는 제가 신부 되는 모습을 너무 보고 싶어 하세요. 제가 부제 서품을 받는 모습만이라도 보여 드릴 수 있다면 바랄 게 없을 것 같네요. 그때까지 잘 버텨 주셨으면 좋겠는데……."
  그는 어머니께 꿈을 이루는 모습을 보여 드리고 싶어했다. 그러나 아무것도 장담할 수 없는 상황이었다. 아마도 아픈 어머니를 뒤로하고 떠나는 아들은 무거운 마음을 안고 비행기에 몸을 실었을 것이다.
  남겨진 어머니는 삶의 의지가 강했고, 병세도 예상외로 쉽게 나빠지진 않아 꾸준히 외래 통원 치료를 받았다. 담도암은 다른 암보다 특히 진행 속도가 빨라 예후가 안 좋기로 유명한 암임에도 6개월을 버티고 있었다.

하지만 역시 암이란 병은 괜찮은 것 같다가도 나빠지는 건 순식간이었다. 그녀는 상태가 급작스럽게 악화되어 병원을 찾았고, 입원까지 했다. 여느 때처럼 아침 회진을 돌던 어느 날, 어머니는 어렵게 말을 꺼냈다.

"교수님, 제가 욕심이 많은 사람은 아닌데 막상 죽을 때가 되니 후회되는 게 하나 있어요."

"후회요?"

"꿈이 하나 있는데, 아직 그걸 못 이뤘어요."

"말씀해 보세요."

"저, 아들이 신부 되는 모습이 꼭 보고 싶었거든요……."

아들과 어머니의 꿈은 꼭 닮아 있었다. 대부분 자식이 성직자의 길을 걷겠다고 하면 극구 말리거나, 눈물을 머금으며 어쩔 수 없이 허락하고는 한다. 그런데 이 모자는 오랜 시간을 같은 꿈을 꾸며 걸어왔고, 여전히 같은 곳을 바라보고 있었다.

"그래서 말인데요, 교수님. 부탁이 하나 있어요. 우리 아들이 다음 달에 캄보디아에서 부제 서품을 받는다네요. 제가 좀 참석할 수 없을까요? 그때까지 살아 있다면 말이죠."

진통제를 맞으면서 하루하루 연명하고 있는 환자에게 장시간의 비행은 무리인데다가, 캄보디아라는 나라도 좋은 환경을 제공해주지 못할 것 같았다. 그러나 그녀의 마지막 한마디가 대답을 망설이게 했다.

'그때까지 살아 있다면 말이죠.'

이것은 마지막 소원이 될지도 몰랐고, 그녀가 지금껏 버텨온 모든 이유이기도 했다. 잠깐 생각이 복잡했다.

"대신 저랑 함께 가셔야 합니다."

많은 위험을 감수해야 했지만 아무리 생각해도 다른 결정은 내릴 수 없었다. 환자의 얼굴이 환해졌다. 아들의 부제 서품 받는 모습을 볼 수 있다는 희망 때문인지 식사도 잘했고, 통증도 많이 줄어들었다.

그러나 캄보디아로 가기 일주일 전 복수가 차오르면서 환자의 상태가 갑자기 나빠졌고, 먼 곳으로 여행하기엔 도저히 어려운 상황으로 변했다. 그녀가 실망할 것이 염려되었지만, 결단을 내려야 했다.

"아무래도 지금 상태로 캄보디아까지 가는 건 무리입니다."

"저도 압니다. 제 몸인데 왜 모르겠어요. 그런데요, 가다가 죽는 한이 있어도 꼭 가고 싶습니다. 이제야 꿈을 이룰 수 있게 됐는데 그걸 못 보고 제가 어떻게 눈을 감겠어요. 제발 도와주세요."

어린 시절부터 독실한 천주교 신자였던 그녀는 아들이 꼭 신부님이 되길 기도했다고 한다. 그런 어머니의 뜻을 따라 아들도 가톨릭 신학교에 입학해 착실하게 신부 수업을 받았다. 그러나 졸업을 일 년 남겨 놓고 이 시대의 신부 역할에 회의를 느껴 신학교를 중퇴했다. 어머니는 그에게 시간을 주었고, 눈물과 기도로 기다렸다고 한다. 긴 방황 끝에 그는 다시 신학교에 들어갔고, 외롭고 힘든 외방 선교의 뜻을 품게 되었다. 아들이 외방 선교에 뜻이 있음을 안 어머니는 무척 기뻐했다.

그러다 어머니가 예기치 않게 시한부 선고를 받게 됐다. 두 모자는 갑작스러운 상황에 혼란스러웠지만 진단 당시 3개월의 시한부 인생을 선고받았던 어머니는 이후로 3년을 더 버티고 있었다. 그리고 드디어 꿈에 그리던 아들의 부제 서품 받는 모습을 볼 수 있게 된 것이다. 이런 그녀에게 있어 캄보디아는 결코 먼 나라가 아니었다. 그녀의 사정을 알고 있었기에 차마 더는 뜻을 꺾을 수 없었다.

고심 끝에 다시 캄보디아행을 결정했다. 출발을 하루 앞두고, 복부에 조금씩 차오른 복수를 뽑고 알부민과 혈액의 공급을 통해 부족한 영양을 보충했다. 혹시 일어날지도 모를 만일의 사태에 대비해 충분한 응급 의약품과 처치 도구들을 챙기고 환자를 임시로 퇴원시켰다. 나흘 후 한국에 돌아왔을 때 바로 입원할 수 있도록 조처도 해 놓았다.

쉬운 선택은 아니었다. 자칫 일이 잘못되면 환자도 걱정이었지만, 의사로서도 여러 가지 위험한 상황을 감수해야 했기 때문에 모두가 만류했다. 하지만 다시 그때로 돌아간다 해도 나는 변함없을 것 같다. 그만큼 후회 없는 선택이었다.

출발 당일, 환자 아들의 친구이자 학창시절 환자로부터 많은 도움을 받았던 신부님께서 보호자 역할로 동행하기로 했다. 우리는 그녀가 말기 암환자란 사실을 숨기고 비행기에 탑승했다. 만일 그 사실이 알려지면 준비해야 할 서류가 늘어나, 부제 서품식에 맞춰 비행기를 타는 건 힘들어질 것이기에 어쩔 수 없었다.

몸 상태가 좋지 않은데다 오랜만의 외출이라 그랬는지 환자는 비행기가 이륙하고 얼마 지나지 않아 힘들어하기 시작했다. 신부님과 나는 자리를 내어 드려 환자가 편안히 눕도록 하고, 여섯 시간을 서서 갔다. 비행 내내 환자의 움직임과 호흡을 주시했다. 조금이라도 이상한 기미가 보이면 바로 대처할 수 있도록 바짝 긴장하고 있었지만 다행히도 무사히 캄보디아 프놈펜 공항에 도착할 수 있었다. 모든 절차를 마치고 출구로 향하는데 문틈 사이로 아들 모습이 보였다. 그도 우리를 발견하고 반가운 걸음을 재촉했다. 그토록 그리워하던 아들과 어머니가 8개월 만에 재회하는 순간이었다. 그들은 한참 동안 서로 부둥켜안고 눈물을 흘렸다.

"엄마, 엄마……."

어머니는 말없이 눈물만 흘렸고, 아들은 어린아이처럼 엄마를 부르며 눈물로 뒤범벅된 얼굴을 닦아주고 부쩍 수척해진 몸을 어루만졌다.

"우리 엄마 알고 보니 울보네? 오느라 고생했어요. 힘들진 않았어요? 몸은 괜찮아요?"

떨어져 있던 시간 만큼 묻고 싶은 것도 많아 보였다.

"교수님, 고맙습니다. 정말 감사합니다."

그는 내 손을 잡으며 기쁨과 감사의 인사도 잊지 않고 건넸다.

숙소에 도착한 후 어머니와 아들은 둘만의 시간을 보냈다. 나는 옆방에서 갑자기 일어날지도 모를 만일의 상황을 준비했다.

다음 날 프놈펜에 있는 성당에서 부제 서품식이 시작됐다. 캄보디아에서도 10년 만에 처음 있는 일이라 주변 국가의 신부님과 수녀님들도 참석해주었고, 예식은 프랑스 주교의 인도로 진행됐다. 장시간의 비행 탓이었는지 전날까지 환자는 무척 힘들어했으나, 예식 당일에는 한복을 곱게 차려입고 처음부터 끝까지 단아한 자세를 유지했다. 서품식이 끝나고 많은 사람이 그녀에게 훌륭한 일을 하셨다고 칭찬과 존경의 표현을 아끼지 않았고, 그녀도 매우 기뻐하며 자랑스러워했다. 식을 진행했던 주교님도 척박한 땅에 아들을 보내주셔서 감사드린다는 말을 잊지 않았다. 식의 마지막에는 캄보디아 전통 무용 공연이 있었으나, 그녀는 공연 중간쯤 진통제를 맞아야겠다고 조심스럽게 말했다.

조용한 장소로 옮긴 환자는 많이 힘들었는지 진통제를 맞자마자 잠이 들었다. 예식순서가 마무리되자 부제 서품을 받은 아들은 이제 막 잠에서 깬 어머니에게 영성체를 주었고, 그 순간 그녀는 아무 말 없이 눈을 감은 채 조용히 눈물만 흘렸다. 아들이 다른 사람에게 영성체를 주기 위해 자리를 뜨자, 환자는 내 손을 꼭 잡았다.

"매일 밤 이날을 그렸지만, 정말 제가 이 자리에 오게 될 줄은 몰랐습니다. 교수님이 도와주시지 않았다면 제 꿈은 이룰 수 없었을 거예요. 이제는 정말, 죽어도 여한이 없습니다."

그녀의 모습은 어느 때보다 평안해 보였다.

이틀을 그곳에서 더 보낸 후 우리는 서울행 비행기에 몸을 실었다. 아들과 어머니는 담담하려 애썼으나 잡은 두 손을 한동안 놓지 못했다. 긴장이 풀려서인지 환자는 비행기에 오르자마자 잠만 잤고, 서울에 도착할 때까지 나는 다시 긴장된 시간을 보냈다.

며칠 후 담도에 염증이 생겨 중환자실로 옮겼으나 환자는 아들에게 잘 있다고 전해주길 원했다. 나는 그녀의 바람대로 무사히 도착했다고 메일을 보냈다. 며칠 후, 아들에게서 답장이 왔다.

교수님께

쉴 새 없이 바쁜 업무에도 제 어머님과 동행해주신 교수님 배려에 무엇으로 보은해야 할지 막막합니다. 마음으로부터 깊은 감사인사 올립니다.

분수에 맞지 않게 과분한 축복을 받았습니다. 교수님과 신자 분들로부터 받은 커다란 축복, 주님 앞에 설 때까지 겸손하게 살아가도록, 기도와 실천이 조화되도록 노력하겠습니다. 이를 감사와 보은의 길로 여기겠습니다.

오랜만에 뵙는 어머니 건강이 염려했던 것보다 훨씬 좋지 않아 마음이 아려옵니다. 그래도 참기 어려운 통증과 피곤함 가운데서도 행복해하셔서 다행입니다. 이젠 정말 이별을 준비해야 하는가 보다 싶은데 마음먹기가 쉽지 않네요. 더구나 제가 곁에서 모시지 못하는 것이 큰 불효같아 더 죄송합니다.

"쟁기를 잡고 뒤를 돌아보지 마라."는 주님 말씀이 무겁게 들립니다. 이게 선교사의 삶이라 여기고 조금만 더 이겨내시라고 말씀드렸습니다만, 당신께서도 이제 세상에 미련이 없으신지 "그러마." 하고 약속도 않으시고 웃음으로 대신하신 게 마음에 걸립니다.

2002년 2월 수술 당시 남은 시간이 3개월이라 들었는데 무려 3년을 살고 계시니 이것만도 어디인가 하는 마음으로 주님께 감사드리고 있습니다. 반년만 더 이겨내시길 바라지만 제 욕심 같다는 생각도 들고, 하늘의 뜻을 알 수 없으니 그저 기도하며 기다리는 수밖에 없네요. 어머님께서 견뎌내기 어려운 통증에도 늘 주님의 평화가 함께 하시길 바랍니다.

곧 있으면 설이 다가옵니다. 새해 업무 계획에 새 학기 강의 준비로 여러 가지 신경 쓰실 일이 많은 때에 무리하지 않도록 몸 살림 특별히 신경 쓰시길 바랍니다.

주님께서 교수님과 늘 함께 하시길 기도드리며 함께 일하시는 레지던트, 간호사 선생님들께도 깊은 감사와 함께 새해 인사 전해주시길 부탁합니다.

프놈펜에서

중환자실에서 치료를 받던 환자의 상태는 잠시 좋아져 일반 병실로 옮겨졌으나, 얼마 지나지 않아 다시 빠르게 나빠졌다. 환자는 나와 조용히 이야기 나누기를 원했다.

"사람 욕심이 끝이 없는 것 같아요. 전에는 부제 서품받는 모습만 보아도 여한이 없다고 생각했었는데, 이제는 아들이 사제 서품받는 모습도 보고 싶고 첫 미사를 집전하는 것도 보고 싶네요."

아마 이룰 수 있는 꿈은 여기까지였다는 걸 그녀도 알 것이다. 그래서일까? 목소리는 차분하고, 평안했다.

"이제는 떠나야 할 때가 온 것 같아요. 저를 더는 치료하지 말아주세요. 하느님이 부르십니다. 이제는 편안한 마음으로 갈 수 있을 것 같아요. 그동안 정말 감사했어요."

나는 환자의 뜻을 존중해 더는 생명연장을 위한 치료는 하지 않았다. 적극적인 치료를 멈춘 이후 그녀는 하루가 다르게 나빠졌다. 아무래도 이제는 아들에게 알려야 할 것 같았다. 아들은 떨리는 목소리로 최대한 빨리 오겠노라 말했다. 마음속으로 얼마나 간절하게 어머니의 임종을 지킬 수 있기를 기도했을까? 그러나 환자는 아들을 기다리지 못한 채 눈을 감았다. 나는 곁에서 그녀의 마지막 가는 길을 지켜주었다. 뒤늦게 도착한 아들은 어머니의 손을 잡고 이제는 고통 없는 세상에서 평안하시길 기도했다. 기도가 끝나고 나서야 아들은 조용히 눈물을 닦아냈다.

몇 달 후, 초대장이 도착했다.

교수님 제가 사제 서품을 받습니다. 평일이라 오시기 어려우시겠지만, 꼭 와주셨으면 합니다. 어머님께서 기뻐하실 겁니다. 그리고 교수님께 첫 번째로 안수기도를 드리고 싶습니다.

이것은 마지막 소원이 될지도 몰랐다.
그녀가 지금껏 버텨온 모든 이유이기도 했다.

기쁜 마음으로 명동 성당에 갔다. 나는 가족은 아니었지만, 가족 자리에 앉아 신부님 서품 받는 엄숙한 광경을 끝까지 지켜보았고, 어머니 대신 첫 번째로 안수기도를 받았다. 명동성당을 내려오면서 하늘에서 이 모습을 기쁜 마음으로 지켜보고 있을 그의 어머니 모습이 떠올랐다.

'정말 훌륭한 일을 하셨습니다. 당신은 비록 이 세상에 없지만, 당신의 분신이 사제가 되어 이 세상을 아름답게 할 것입니다.'

내 인생에서 단 한 가지 후회되는 일이 있습니다.
베로니크를 조금 더 빨리 알아보지 못했다는 겁니다.
알아보지 못한 만큼 사랑해주지 못해서 무척 미안합니다.

— 그레고리 펙

두 번째

짧은 시간이었지만
온 힘을 다해 사랑했습니다

인생에서 행복지수를 결정하는 것은 무엇일까? 사랑이 아닐까? 사랑은 인생의 '희로애락'을 모두 담고 있다. 이것은 무엇보다 큰 기쁨이기도 하지만 처음부터 끝까지 행복하기만 한건 아니다. 싸우고 우는 것도 모두 사랑의 일부다.

  사랑은 '생로병사'도 담고 있다. 연애를 처음 시작할 때 인간은 가장 순수한 상태로 돌아가기도 하지만 때론 그 순수함이 병들거나 사라지기도 하니 말이다. 이런 이유에서일까? 우리는 사랑 한 번 못해본 사람에게 반은 조롱하듯 "인생의 참맛을 모른다."라는 소리도 한다.

  행복한 사랑은 어떤 것일까? 사랑에 빠지고, 연애하고, 결혼하고, 행복한 가정을 꾸리는 것. 대부분이 생각하는 사랑의 가장 이상적인 모습이다. 그러나 그렇지 못했다고 모두 슬픈 사랑이 되는 건 아니다. '사랑' 그 자체로도 충분히 아름다웠다고 기억되는 사랑도 있으니까.

서른셋. 적다면 적고 많다면 많은 나이. 아직은 한창 일하고 인생을 즐길 나이에 그녀는 뜻하지 않은 병마를 만나 생의 마지막을 준비해야 했다. 이제 더는 잘 나가는 커리어우먼이 아닌 보호받고 치료받아야 할 위암 말기 환자가 됐다. 그녀가 이 모든 사실을 있는 그대로 받아들이는 데는 많은 시간이 필요했다.

그녀를 처음 만났을 때의 기억이 생생하다. 하얀 얼굴에 커다랗고 반짝이는 검은 눈망울은 정말로 아름다웠고, 그 눈빛으로 웃는 얼굴은 행복해 보였다. 병마와 싸우느라 그녀의 몸은 많이 야위어 있었지만 "길어야 1년, 6개월을 넘기기 어려울 것"이라는 진단을 받고도 벌써 2년째 버텨내고 있다고 했다. 그 이야기를 하면서 그녀는 함께 온 남자의 손을 꼭 쥐었다. '이 남자가 이 여자를 버티게 한 힘이었구나.' 짐작할 수 있었다.

그녀는 어려서부터 공부도 잘했고 총명하며 사리분별이 뚜렷해 어느 곳에서나 인정을 받으며 자라왔다. 천성적으로 밝고 쾌활한 성격까지 갖고 있어서 어느 분야에서든 항상 리더였다. 어렵지 않게 좋은 대학에 들어갔고, 졸업 후에는 바라던 대기업에 취직했다. 그녀는 누구보다 성공에 대한 집념이 강했다. 자신의 힘으로 성공하는 여성이 되고 싶었다. 누구에게도 의지하지 않고 가장 높은 자리까지 올라가는 것이 목표였다. 이런 그녀에게 연애란 사치였고 결혼은 무덤이었다. 이렇게 누구보다 열심히 일한 덕에 바람대로 회사에서 인정받고 승승장구하면서 빠르게 승진할 수 있었다. 그러나 그만큼 감당해야 할 것도 많아졌다. 일이 많아질수록 스트레스도 커졌고, 불규칙한 식사와 만성피로는 그녀를 더욱 힘들게 했다.

그를 처음 만난 건 이렇게 몸도 마음도 지쳐 있을 무렵이었다. 그는 그녀와 많이 달랐다. 완벽주의자였던 그녀에 비해 매우 털털하고 빈틈이 많은 남자였다. 하지만 어느 순간 그녀는 '사랑'이라는 걸 하고 있었다. 함께 차를 마시고, 공원을 산책하고, 영화를 보고……. 그리 특별할 것 없는 만남이었지만 둘은 함께 있는 것만으로도 충분히 행복했다. 그의 농담은 항상 그녀를 웃게 했고, 그녀는 일상의 피곤함을 그의 곁에서 녹일 수 있었다. 그녀에게 행복이란 일하는 즐거움이 전부였다. 그런데 그를 만나게 되면서 모든 게 달라졌다. 어느새 그녀는 그와 행복한 삶을 함께하고 싶은 마음에 결혼까지 꿈꾸게 되었다.

이런 행복을 시기라도 한 것일까? 가장 행복하다고 느끼는 순간, 가장 큰 불행이 다가왔다. 갑자기 찾아온 병마는 모든 상황을 최악으로 만들었다.

그녀에겐 고질병이 있었다. 심각한 건 아니라고 생각했다. 평소 소화가 잘 안 되긴 했지만 스트레스 때문이라고 믿었다. 바쁜 직장인이라면 누구나 겪을 법한 위장병 말이다. 그런데 너무 가볍게 봤던 것이 화근이었다. 적당한 시기에 치료를 받지 못한 위장질환은 점점 심해졌다. 언제인가부터 토하는 증세가 반복되었다. 내시경을 포함한 전반적인 검사를 하기로 했다. 그때까지도 무시무시한 결과가 그녀를 기다리고 있을 줄은 아무도 몰랐다.

위암 4기. 발견 당시 수술이 불가능할 정도로 암이 전이된 상태라 선택할 수 있는 건 항암치료밖에 없었다. 강인한 정신력을 가지고 있다고 자부하던 그녀도 현실을 받아들이는 건 너무나 힘든 일이었다. 예측할 수 없는 미래가 불안했고, 모든 것을 잃게 될까봐 두려웠다. 무엇보다 사랑하는 남자를 떠나보내야 한다는 생각이 들었다. 변해가는 모습을 보이고 싶지 않았고, 자신 때문에 가슴 아파하는 모습도 보고 싶지 않았다. 힘겹게 이별을 고하고, 가족들의 설득을 거부한 채 치료도 포기했다.

"암에 걸렸다고 피하는 건 바보 같은 짓이야. 나보고 널 혼자 두라고?"

"당신에게는 좋은 모습으로 남고 싶어. 이해해 줄 수 없어요?"

"난 이해 못 해. 함께 치료해 보자. 이렇게 쉽게 포기할 수는 없어. 알겠지?"

남자는 떠날 생각이 전혀 없는 것 같았다. 절절한 사랑을 담아 그녀를 설득하고 또 설득했다. 결국 그녀가 졌다. 두 사람은 마지막 순간까지 함께 하기로 약속했고 치료도 받기로 했다.

처음에는 반응이 좋아 암의 크기도 줄어들고 상태도 양호해졌다. 그녀의 표정은 더욱 밝아졌고 희망은 커졌다. 남자는 그녀를 위해 직장도 그만두고 모든 생활을 그녀에게 맞추었다. 그녀가 입원하면 병실은 남자의 방이 되었고, 그녀가 집으로 돌아가면 남자는 그녀의 집에 매일 출석 도장을 찍었다. 그런 모습이 그녀에게는 무엇보다 힘이 되었고 치료를 포기하고 싶은 순간들도 잘 넘기게 해주었다.

그러나 하늘도 무심하게 암세포는 다시 기승을 부리기 시작했다. 안타깝게도 3기 이상의 위암은 매우 공격적이었고 좋은 예후도 기대하기 어려웠다. 그녀도 예외일 수는 없었다. 항암치료에도 반응을 보이지 않았다. 더는 손쓸 방법이 없어지자 구토와 함께 심해진 통증만이라도 조절하려고 호스피스를 선택한 것이다. 수액과 함께 구토 억제제와 진통제를 맞자 그녀의 증상은 좋아졌다. 며칠 후 그녀는 퇴원을 요구했다.

"통증이 없어지니까 내가 암환자라는 것도 잊게 되는 것 같아요.

"교수님, 하루라도 빨리 퇴원하고 싶어요. 마지막 순간을 병실에서 보내기는 싫어요. 부모님께서 서운해하실지 모르지만, 그 사람과 조금이라도 더 보내고 싶어요. 그와 함께 있는 순간이 어느 때보다 행복하니까요."

이미 자신의 죽음을 인정하고 받아들인 사람에게 생의 마지막을 병원에서 보내라고 하는 건 잔인한 일이었다. 가보고 싶은 곳도 많고, 함께 보내고 싶은 사람도 있었다. 지금 그녀에게 가장 중요한 건 사랑하는 사람과 행복한 시간을 보내는 것이었다. 남자는 그녀의 선택을 존중하면서도 한편으론 걱정을 떨치지 못했다.

"괜찮을까요?"

"괜찮을 겁니다. 보세요, 정말 행복해 보이시잖아요. 어쩌면 마지막이 될지도 몰라요. 그러니 최대한 많은 시간을 함께 보내세요. 이제 필요한 건 의사나 약이 아니라 환자분을 웃게 해줄 수 있는 사람입니다. 그 사람이 누군지 아시죠?"

내 말이 끝나기 무섭게 남자의 두 눈엔 물기가 가득 고였다. 나는 더는 뭐라 할 말이 없었다. 그녀는 그날 오후에 퇴원했다. 비록 힘이 없고 야위었지만 표정은 밝고 행복해 보였다.

한 달 후 그녀가 다시 입원했다. 의식이 거의 없는 상태였다. 늘 아픈 기색은 역력해도 예쁜 얼굴은 감출 수 없었는데, 의식 없이 돌아온 그녀는 내가 알고 있던 모습이 아니었다. 상태는 매우 심각했다. 소변량도 줄었고 호흡도 거칠었다. 남자는 그녀의 손을 꼭 쥐고 있었다. 초조해 보이고, 많이 당황한 것 같은 남자에게 어찌 된 일인지 물었다.

"며칠 전부터 무척 힘들어하고, 잘 먹지도 못했습니다. 어제는 피도 토하고 병원에 가자고 해도 자꾸 싫대요. 이번에 입원하면 다신 퇴원할 수 없을 거라고 생각했나 봅니다. 억지로 끌고 오는 건 아닌 것 같아 진통제 양을 늘리면서 버텼는데······. 오늘 아침에 갑자기 의식을 잃었어요. 아무리 싫다고 해도 무조건 업고 왔어야 했는데 다 제 잘못입니다."

아마도 그녀에게 병원은 삶이 아닌 죽음으로 들어가는 입구로 느껴졌나 보다. 남자는 심하게 자책하고 있었다. 어떤 말을 해도 위로가 될 수는 없을 것 같았다.

그녀에게 산소 5L를 공급해주었으나, 산소포화도는 90%를 겨우 유지한 채 호흡곤란은 쉽게 좋아지지 않았다. 혈압은 90/60mmHg이었고 맥박도 120회를 넘었다. 정말 그녀가 떠날 시간이 얼마 남지 않은 것 같았다. 가족들을 부르고 임종을 준비시켰다. 모두 그녀의 이름을 애타게 불렀으나 아무런 반응이 없었다. 눈도 뜨질 않았다. 그녀의 의식은 벌써 먼 곳을 향하고 있었다. 환자가 아직은 들을

남자는 떨리는 손으로 가늘고 힘이 없는 그녀의 손가락에 반지를 끼웠다.
"나랑 결혼해줘. 내 사랑, 내 기쁨…."

수 있으니 그녀에게 마지막 인사를 하라고 했다. 가족들이 하고 싶은 이야기를 하는 동안 남자는 구석에서 그 모습을 가만히 바라봤다. 모두의 인사가 끝나고 나서야 남자는 그녀의 곁으로 다가와 손을 잡았다.

"내 말 들리지? 듣고 있는 거지? 사랑해! 내가 얼마나 널 사랑하는지 알고 있지? 잊지 마, 잊으면 안 돼! 더 일찍 만나지 못해 미안해. 정말 미안해. 그렇지만 우리 사랑은 지금부터 시작이야. 당신이 먼저 가서 나를 기다리는 거야."

남자가 주머니에서 무언가를 꺼냈다. 반지였다. 청혼을 위해 준비해 둔 반지 같았다. 남자는 떨리는 손으로 가늘고 힘이 없는 그녀의 손가락에 반지를 끼웠다.

"나랑 결혼해 줘. 내 사랑, 내 기쁨……."

남자는 눈물에 잔뜩 잠긴 목소리로 그녀에게 청혼했고, 손에 입을 맞추었다. 지켜보던 모든 사람은 아무 말도 하지 못한 채 눈물만 흘렸다. 세 시간 정도 지나자 그녀의 맥박이 급격히 떨어지기 시작했다. 60, 50, 40……. 혈압도 잡히지 않았다. 정말 이별을 고할 시간이 온 것이다.

"잠시 후 임종하실 겁니다."

내 말과 거의 동시에 그녀의 심장은 정지했다. 남자는 그녀의 얼굴에 자신의 얼굴을 비비며 울부짖었다. 자기 반쪽을 떠나보내는 순간이었다.

《러브 스토리》의 작가 에릭 시갈은 성숙한 사랑의 원리를 "나는 당신을 사랑하므로 당신이 필요하다."라고 했다. 내가 아는 그들도 사랑하기 때문에 서로 필요로 했지만 어쩔 수 없이 이별해야만 했다. 그러나 살아 있는 시간만큼은 온 힘을 다해 사랑했기에 후회는 없었다.

그녀는 너무 늦게 사랑을 알았고 사랑할 수 있는 시간도 짧았지만, 그 시간이 가장 행복했다고 했다. 물론 꿈꾸었던 가정도 이루지 못했고 예쁜 모습만 보이지도 못했다. 그러나 그들을 지켜봤던 모든 사람은 그들의 사랑을 무엇보다 아름답게 기억할 것이다.

비록 그녀는 병마를 이기지 못했지만, 사랑은 병마를 이겼음을 알게 한 그녀의 한마디가 떠오른다.

"그 사람을 통해 내가 숨 쉬고 살아 있는 느낌을 받아요."

내 목숨이 있는 동안은 자식의 몸을 대신하길 바라고
죽은 뒤에는 자식의 몸을 지키길 바란다.

— 《불경》 중

세 번째

미안함도 사랑의 일부입니다

일이 잘 풀리지 않을 때 부모 탓을 하는 자식들을 어렵지 않게 만나곤 한다. 그들은 항상 부모가 좀 더 부자였다면, 부모가 좀 더 배운 사람들이었다면 인생은 지금보다 훨씬 더 좋아졌을 거라고 한탄한다. 그러나 자식을 탓하는 부모는 없다. 오히려 "내가 없이 살아, 배우질 못해 너를 이리 고생시킨다."라며 자식의 인생을 자신의 탓으로 돌리곤 한다.

자식의 결혼 또한 마찬가지다. 혼기가 꽉 찬 자식이 부모의 문제로 결혼을 못하게 되면 부모는 죄책감을 느낀다. 병원에서도 이런 모습을 종종 볼 수 있다. 임종을 앞둔 환자들이 자신의 병 때문에 자식이 혼인을 못하거나 혼사가 깨지게 되면 극심한 우울증에 빠지곤 한다. 그리고 마지막 순간까지 자식의 행복을 위해 모든 시간을 보낼 수 있길 바란다.

직업이 의사에, 의과대학 교수다 보니 환자뿐만 아니라 매년 많은 수의 학생을 만난다. 그중에서도 유독 기억에 남는 한 학생의 아버지도 그랬다.

4년 전 일이다. 어느 날 갑자기 한 학생이 찾아왔다. 평소 말이 적고 사려 깊은 학생이었기 때문에 일정에 없던 갑작스러운 면담 요청이 조금은 당황스러웠지만, 학생의 어두운 얼굴이 걱정됐다.
"교수님, 실은 저, 저……."
"무슨 얘긴데 그렇게 망설여? 무슨 일 있니?"
"그게……."
한참을 망설이던 학생은 마침내 용기를 내 이야기를 시작했다.
"아버지께서 많이 편찮으세요. 간암 말기라고……."
'아차!' 싶었다. 수많은 환자에게 시한부 선고를 하면서도 곁에 있는 학생이 어떠한 상황에 처해 있는지도 몰랐다는 것이 선생으로서 부끄러웠고, 화도 났다.
학생의 아버지는 원래 B형 간염으로 간경화를 오래 앓으시다가 3년 전부터 간암으로 진행되어 계속 치료를 받아오셨다고 한다. 그동안 암 치료를 위해 색전술, 사이버 나이프, 항암제 등의 힘든 과정들을 잘 견뎌 왔으나 암의 진행 속도는 빠르게 진행이 되고 있었다.

"상태가 많이 안 좋으세요. 아무래도 우리 병원으로 옮기시는 게 좋을 것 같아서 입원 부탁 좀 드리려고요."

"그런 부탁을 뭐 그렇게 어렵게 해? 너무 걱정하지 말고, 네가 힘을 내야 아버지도 기운을 내시지."

말은 그렇게 했지만, 아직 학생에 불과해도 의과대학에 재학 중인 녀석이니 누구보다 아버지의 상황에 대해 잘 알고 있을 터였다. 학생은 짧은 시간이라도 아버지를 편안하게 해 드리고 싶어했다.

당장 내가 해 줄 수 있는 일은 바로 입원이 되도록 원무과에 특별히 부탁하는 것뿐이었다. 얼마 지나지 않아 아버지는 구급차를 이용해 병원에 오셨다. 그 정도로 상태가 안 좋았다. 서둘러 입원을 하고 나서야 병실에서 학생의 부모님을 처음으로 만날 수 있었다. 선생과 학부모의 첫 만남을 의사와 환자로서 갖게 된 것이다.

그의 아버지는 그동안 잘 먹지 못한 탓에 뼈만 앙상하게 남아 있었다. 나는 먼저 코를 통해 산소를 주입하고, 통증 조절과 안정을 위해 수액에 모르핀과 바륨을 섞어 공급했다. 말기 암환자들은 호흡곤란이 오면 안정이 안되어 자꾸 빈 호흡을 하게 된다. 그래서 산소가 충분히 들어오지 못하고 이산화탄소만 몸에 축적되어 호흡곤란이 더 심해지는 양상을 보인다. 다행히 그의 아버지는 곧 안정적인 호흡을 되찾았고 얼굴도 편안해 보였다.

"교수님, 먼저 찾아뵙고 인사를 드렸어야 하는데, 자식을 맡겨놓고 이렇게 폐만 끼치게 되었네요. 죄송합니다."

"별말씀을요, 괜찮습니다. 아드님이 워낙 성실하고 차분해서 안 좋은 일이 있으리라곤 생각하지 못했습니다. 오히려 제가 먼저 알고 조언해야 했는데 저야말로 면목이 없습니다."

"전들 뭐 좋은 일이라고 떠들고 다니고 싶었겠어요."

아들에게 큰 짐을 지어주었다는 자책감이 그의 말에서 묻어났다.

"어제 입원할 때만 해도 '이렇게 죽는구나.' 싶었는데 이제 좀 살 만하네요. 지금 같아선 다 털고 일어날 수 있을 것 같습니다."

"정말 다행입니다."

그의 가슴에 청진기를 대보았다. 그는 힘 있게 큰 숨을 들이마시고 내쉬었다. 확실히 호흡은 부드러워져 있었다.

"어제보다 많이 좋아지셨습니다."

"아이고, 감사합니다."

"이제 편히 쉬세요."

"그래야지요. 교수님, 언제 시간 괜찮으시면 잠깐만 들러주시겠어요? 드릴 말씀이 있어서요."

"예, 시간 나는 대로 찾아뵙겠습니다."

남은 회진을 모두 마치고 병실을 찾았다. 환자는 내가 들어가자 함께 있던 부인에게 자리를 비켜달라고 했다. 부인이 나가자 그는 어렵게 입을 떼었다.

"바쁘신데, 자꾸 이렇게 뵙자고 해서 죄송해요."

병을 치료할 땐 꼭 약이나 수술만 필요한 건 아니다. 마음의 안정이 중요한 환자들의 이야기를 들어주는 것도 치료 과정에서 매우 중요하다. 이런 과정을 통해 나는 그들을 보다 이해하게 되고, 환자에게 더욱 좋은 치료 방법도 찾을 수 있었다.

"괜찮습니다. 무슨 하실 말씀이라도……."

"인생이 참 덧없는 것 같아요. 그동안 참 열심히 살았다고 자부해 왔어요. 사업도 잘됐고, 집에도 별문제 없었거든요. 물론 아내를 고생시킨 적도 있지만, 큰 소리 없이 살았고 아들 녀석도 잘 커서 이제 의사 되는 일만 남았잖아요. 그런데 제가 몹쓸 병에 걸리고 나니 후회되는 일이 한둘이 아니네요."

인간은 누구나 후회를 한다. 다시 돌아간다면 더 잘해낼 수 있다고 믿지만 시간을 돌이킬 수는 없다. 앞으로 똑같은 실수를 되풀이하지 않을 시간만이 남아 있을 뿐이다. 하지만 말기 암환자들에게는 그런 시간조차 얼마 남아 있지 않다. 그러니 후회는 더욱 깊어지고 마음은 급해진다.

"우리 며느리 될 아이 보셨어요?
얼마나 참하고 예쁜지……. 오늘은 기분이 좋네요.
저 오늘 잘해낼 수 있을 것 같아요."

"제일 후회되는 건 아들을 결혼시키지 못한 겁니다. 결혼하려고도 했었는데 저 때문에, 제 병을 치료하느라고 미뤄왔거든요."

 깊은 한숨 속에서 큰 후회와 아쉬움이 그의 가슴을 짓누르고 있음을 알 수 있었다.

 집안에 누군가 중병을 앓고 있는 사람이 있으면 모든 일은 환자 중심으로 돌아가게 된다. 가족들은 모두 아픈 사람에게 매달리고 다른 일들은 뒷전으로 밀리게 되는 것이다. 특히 우리나라 사람들은 재산이 많든 적든 간에 '집을 팔아서라도 내 식구 치료를 해야 한다.'라는 생각들을 하고, 그 희생을 당연하다고 생각한다. 아들 역시 아버지가 암 투병 중이었으니 결혼 이야기는 꺼내지 못하고, 병간호에만 매달렸을 것이다.

 나는 학생을 불러 조심스럽게 아버지의 뜻을 전했다. 처음에는 망설이는듯했지만 결국 아버지의 마음을 편하게 해 드리는 것이 진정한 효라고 생각하는 것 같았다.

 일주일 후, 학생이 청첩장을 들고 찾아왔다.

 "가족들과 회의를 했습니다. 아버지께 결혼하는 모습을 보여 드리고 싶어서요. 상황이 좋지 않아 불가능할 수도 있다는 거 잘 알고 있습니다. 그런데요, 교수님. 한 번 해보고 싶습니다. 아버지께서 불편한 마음으로 떠나신다면……, 저나 가족들에게도 큰 상처로 남을 것 같습니다. 교수님, 도와주실 수 있을까요?"

걱정스러웠지만 학생의 마음도 아버지의 마음도 이해할 수 있었다. 방법이야 찾아보면 있을 것도 같았다.

"그래, 그럼 한 번 해보자. 그런데 그날 상태가 안 좋으시면 나도 어쩔 수 없다."

일어날 수 있는 상황들에 대비해 여러 가지 준비를 했다. 점검하고, 또 점검했다. 왁자지껄한 결혼식은 힘들겠지만 적어도 내 학생이 아버지의 축복을 받으며 결혼하는 모습을 보고 싶었다. 결혼식 당일, 학생의 아버지가 나를 찾았다. 그는 가쁜 숨을 몰아쉬면서도 약간 들떠 있는 것 같았다.

"교수님, 고맙습니다. 덕분에 제가 아들놈 결혼하는 모습을 다 보게 됐네요. 우리 며느리 될 아이 보셨어요? 얼마나 참하고 예쁜지……. 오늘은 기분이 좋네요. 저 오늘 잘해낼 수 있을 것 같아요."

출발하기 전까지 많은 생각과 고민에 휩싸였다.

'정말 내가 잘하는 걸까?'

물론 환자를 생각하면 옳은 선택이다. 그러나 옳은 선택이 항상 옳은 결과를 만드는 것은 아니다. 만약 최악의 상태가 발생해 안 좋은 결과가 생긴다면 좋았던 의도와 상관없이 좋지 않은 일이 되는 것 아닌가. 나에게 최면을 걸어야 했다.

'다 잘 될 거야.'

마음속으로 간절히 기도하며 바삐 움직였다. 만일의 사태에 대비해 산소통과 응급장비, 구급차를 예식장 앞에 대기시켜 놓았다. 그리고 레지던트와 인턴, 환자와 함께 식장으로 들어갔다.

결혼식은 환자인 신랑 측 아버지의 입장과 함께 빠르게 진행됐다. 새로운 인연이 탄생한다는 설렘과 기쁨으로 가득 차 있어야 할 결혼식은 내내 침체한 분위기였다. 어느 누가 웃지 말라고 한 것도 아닌데 조용히 서로의 안부와 인사를 건넬 뿐 소란스럽고 정신없는 여느 예식장과는 사뭇 다른 분위기였다. 예식은 기독교식으로 진행됐다. 학생의 아버지는 숨이 차고 기력이 달려 휠체어에 의지해야 했지만, 찬송가를 부를 때면 거친 숨을 몰아쉬면서도 그 누구보다 크게 불렀다. 그 모습을 바라보는 내 손에 땀이 나는 건 어쩔 수 없었다.

결혼식 내내 당당한 웃음을 잃지 않았던 학생의 아버지는 스크린에 새로운 인연으로 거듭난 아들 내외가 만든 영상편지가 나오기 시작하자 눈물을 한 움큼 쏟아냈다. 그 모습에 나뿐만 아니라 참석했던 모든 하객도 함께 숙연해졌다.

"아버지, 어머니, 낳아주시고 길러주셔서 정말 감사합니다. 어느덧 저희가 장성하여 결혼하게 되었습니다. 예쁘고, 행복하게 잘 살 테니 지켜봐 주세요. 특히 사랑하는 아버지, 힘들고 어려운 투병 중에도 저희와 함께 해주셔서 얼마나 감사드리고 행복한지 모릅니다. 비록 힘든 순간이지만 저희가 끝까지 함께 하겠습니다. 아버지! 사랑합니다!"

초인적인 힘으로 아들의 결혼식을 지켜보던 아버지는 결국 폐백에는 참석하지 못하고 산소 공급을 받아야했다. 여전히 힘들어 보였지만 표정만큼은 정말 밝았다. 힘겹게 숨을 몰아쉬는 와중에도 마치 어린아이가 그렇게 소원하던 막대사탕을 손에 쥔 것처럼 뿌듯해 보였다. 다행히 우려했던 일들은 일어나지 않았고 결혼식은 잘 마무리되었다.

긴장이 풀린 탓인지 병원으로 돌아오는 길에 환자는 무척 힘들어했다. 병원에 도착하자 기운이 쇠진하여 숨쉬기마저 버거워했다. 역시 지금 환자의 상태에서 결혼식에 참석한 것은 무리였다. 다만, 아들에 대한 미안함과 큰 사랑이 그에게 그 시간을 버틸 힘을 주었던 것 같았다. 가족들은 노심초사하며 어느 때보다 긴 밤을 보냈다. 이제 막 결혼한 아들과 며느리 역시 아버지 곁을 지켰다.

가족들의 마음이 통한 걸까? 환자는 다음 날 아침 비록 병상이지만 아들과 며느리의 인사도 받을 수 있었다. 그러나 그 순간은 길지 않았다. 결혼식 일주일 후 환자의 상태는 극도로 악화되었고, 마지막 인사를 나눌 새도 없이 돌아올 수 없는 먼 길을 떠나고 말았다.

여생이 얼마 남지 않은 환자 중 결혼을 안 한 장성한 자녀가 있는 환자들은 대부분 자녀의 결혼을 보지 못하는 것, 그리고 새 식구가 될 자녀의 배우자를 보지 못하는 것에 대한 아쉬움이 크다. 자식을 둔 부모라면 아마도 이 안타까움을 이해할 수 있을 것이다.

학생의 아버지는 비록 아들의 더 많은 미래를 함께하지 못했지만 그렇게 원하던 결혼식을 지켜볼 수는 있었다. 그러면서 아들에 대한 미안함도 덜어낼 수 있었다. 아직도 그가 숨을 몰아쉬면서 들뜬 목소리로 내게 했던 말이 기억난다.

"교수님, 저 잘했죠? 지금 아주 기쁘고, 행복합니다. 더는 여한이 없어요."

순진함과 모든 완전한 가능성을 지니고 있는 어린이들이
끊임없이 태어나지 않는다면
세계는 얼마나 무시무시한 모습으로 변했을까.

― 존 러스킨

네 번째

소녀는
투정하지 않았습니다

나는 의과대 학생들에게 영화 〈패치 아담스〉 이야기를 자주 한다. 약 10여 년 전 실화를 바탕으로 제작된 이 영화는 많은 사람에게 잔잔한 웃음과 큰 감동을 주었다.

어려운 가정환경에서 살아온 헌터 아담스(로빈 윌리엄스)는 '자발적 정신병자'가 되어 스스로 병원에 입원했다가 환자와 눈도 마주치지 않고 기계적으로 질문만 해대는 의사의 모습에 충격받는다. 이후 '환자의 마음도 치료할 수 있는 의사가 되겠다!'라고 결심한 그는 너무 낙천적인 성격과 자신의 남다른 고집으로 제적 위기에 놓이기도 하나 다행히도 무사히 졸업하고 의사가 된다. 자신의 집에 의료원을 연 그는 1만 5천 명이 넘는 환자들을 무료로 치료하면서 늘 환자의 눈빛과 마음까지도 읽어내기 위해 노력했다. 그가 의사가 되겠다는 결심을 하게 만든 것은 병원의 의사들이 아니라 자신과 같은 처지에 있던 환자들이었다. 그들을 통해 바라본 병원의 현실은, 의사는 '의술'과 '인술'을 함께 펼쳐야 한다는 생각을 갖게 했다.

    의사로서 적지 않은 경험을 했음에도 여전히 나는 '의술'과 '인술' 사이에서 많은 고민을 하고, "진정한 의술이란 무엇인가?"에 대해 끊임없이 반문한다. 한 가지 분명한 건 때론 뛰어난 수술이나 좋은 약이 아니더라도 환자의 손을 한 번 더 잡아주고, 눈을 맞추며 이야기를 들어주는 것이 더 좋은 치료가 될 수도 있다는 사실이다.

    많은 죽음을 지켜봤지만 어린아이의 죽음은 특히 더 마음 아프다. 꿈도 펼쳐 보지 못한 채 암세포의 공격에 속수무책 자신의 운명을 맡길 수밖에 없는 아이들을 보면 그 안타까움은 뭐라 설명하기 어렵다.

    내 일기장에는 꿈을 피우기도 전에 이 세상과 이별을 해야만 했던 어느 소녀를 보내며 적은 짧은 글이 있다.

2008년 9월 19일
희진이가 하늘나라로 갔습니다.
약속을 못 지켜서 미안하게 생각합니다.

하늘나라에서 고통 없이 지냈으면 합니다.
아이의 생일 파티를 한 기억이 엊그제 같은데…….
그 아이를 생각하면 아직도 눈물이 앞을 가립니다.
희진아, 진짜 미안해.

뇌종양 환자였던 열세 살 희진이를 처음 만난 건 3년 전 일이다. 한참 암 치료를 받던 중 증상관리를 위해 나를 찾아왔다. 넉넉한 살림은 아니었지만 엄마는 아이의 치료를 위해서라면 먼 길을 마다하지 않았고, 아이는 힘든 상황에서도 언제나 해맑았다. 엄마는 이런 딸 곁에서 항상 밝은 얼굴로 딸의 친구가 되어 주었다. 하루는 회진을 도는데 희진이가 나에게 말을 걸어왔다.
"교수님 별명이 뭔지 아세요?"
"뭔데?"
"지킬박사요."
"지킬박사? 지킬박사와 하이드에 나오는 그 지킬박사? 좋은 뜻이니, 나쁜 뜻이니?"
"전 그런 건 잘 모르고요, 교수님이 항상 회진 돌 때마다 말씀하시잖아요. 항상 '지켜보지요! 지켜보겠습니다! 지켜볼 수밖에요!' 그래서 모두 교수님을 지킬박사라고 불러요."

그때부터 내 별명은 지킬박사가 되었다.

어느 날 희진이는 나에게 몰래 '병원 냄새가 너무 싫다'고 말한 적이 있다. 오랜 시간 동안 병원을 제집 드나들듯 했으니 병원이 좋을 리가 없었을 터였다. 그러나 아이는 엄마 앞에서만큼은 절대 내색하지 않고 묵묵히 치료를 받았다. 또래 아이들보다 마음의 키가 훨씬 컸던 희진이. 어쩌면 그 모습이 가족들에게 더 큰 아픔이 되었을지도 모르겠다.

5년 동안 잘 참고 견뎌온 희진이의 상태가 갑자기 들어 눈에 띄게 악화되어갔다. 몸의 여기저기에서 좋지 않은 증상들이 나타나고 있었다. 그러던 어느 날이었다.

"교수님, 저 다음 주에 생일이에요."

"아 그래? 몰랐네! 미안! 갖고 싶은 거 있니?"

"정말 말해도 돼요?"

"물론!"

"닌텐도요."

"닌텐도? 하하하."

그 당시 웬만한 아이들은 하나씩 갖고 있었던 게임기가 탐났던 모양이었다. 어떻게 보면 희진이에게 마지막 생일이 될지도 몰랐다. 나를 비롯한 전공의들과 간호사들은 선물 말고도 생일파티를 함께 준비하기로 했다. 회의실 한 곳을 빌려 여기저기 알록달록한 풍선과 종이로 장식했다. 동료 환자들과 가족들도 열심이었다. 반짝이는 고깔모자까지 쓴 우리는 생일축하 노래와 함께 주인공을 맞이했다. 노래가 끝나자 희진이는 촛불을 껐다.

"희진아, 무슨 소원 빌었어?"

"동방신기 오빠들 만나게 해달라고 빌었어요."

여기저기서 웃음이 터졌다.

"병이 빨리 낫게 해달라고 빌어야지."

야속한 마음을 숨기지 못하고 희진이 엄마가 말했다. 다음은 내 차례였다. 나는 준비한 선물을 내밀었다. 희진이는 기대에 가득 찬 표정으로 포장을 뜯었다. 마침내 그렇게도 갖고 싶어하던 닌텐도를 확인하자 아이의 얼굴은 환해졌다.

"교수님, 또 준비한 거 없으세요?"

직원들의 짓궂은 질문에 잠시 당황한 나는 잘은 못하지만 노래를 부르기로 했다. 그러나 나의 '대단한 실력' 탓에 파티 분위기는 금세 가라앉아 버렸다. 고맙게도 그 분위기를 바꿔준 것은 희진이였다.

학교 종이 땡땡땡 어서 모이자
선생님이 우리를 기다리신다

또래 아이들보다 마음의 키가 훨씬 컸던 희진이.
어쩌면 그 모습이 가족들에게
더 큰 아픔이 되었을지도 모르겠다.

사람들은 아이의 귀여움에 유쾌한 웃음을 터트렸다. 그런데 어쩐지 나는 그 노래를 부르는 희진이 모습이 마음 아팠다.

희진이는 투병하는 동안 학교를 제대로 다닌 적이 거의 없었다. 다른 친구들이 학교 운동장에서 뛰노는 동안 아이는 병원 로비에서 놀았고, 친구들이 선생님과 함께 공부하는 동안 아이는 의사선생님들과 친구가 되었다. 그러니 표현은 안 했지만 학교에 몹시도 다니고 싶었을 것이다. 다른 사람들도 겉으로는 웃고 있었지만, 마음은 나와 같아 보였다. 점점 커지는 암 덩어리 때문에 희진이의 얼굴은 일그러지고 한쪽 눈은 보이지 않게 되어 안대를 하고 있었다. 그런 아이가 힘없이 노래를 부르는 모습에 엄마는 결국 참았던 눈물을 터뜨렸다.

"엄마 왜 울어?"

"엄마 안 울어."

"울고 있으면서… 울지마. 응?"

몇 달 후 희진이는 방송국의 도움으로 꿈에 그리던 동방신기를 만날 수 있었다. 동방신기와 함께 찍은 사진을 보여주면서 나에게 자랑도 했다. 그러나 불행하게도 아이의 행복은 거기까지였다. 상태는 빠르게 나빠지고 있었다.

그 무렵 나는 미국 연수를 준비하고 있었고, 연수가 끝나면 다른 대학병원으로 가기로 되어 있었다. 어쩔 수 없이 희진이를 다른 교수에게 맡기고 떠날 수밖에 없었다. 아쉬워하는 아이의 모습에 내 발길도 쉽게 떨어지지 않았다.

같은 병원, 같은 병실인데도 교수님의 빈자리가 너무 큽니다.
단지 교수님 한 분 안 계실 뿐인데……. 달리 방법도 없고 해 줄 것도 없지만, 그래도 손잡아줄 선생님이 필요하고 그리워요. 다른 교수님도 잘 해주시는데 그래도 선생님이 그리운 건 어쩔 수 없는 것 같아요.
여긴 비가 많이 내렸습니다. 이 비가 모든 것들을 씻기어 가버렸으면 좋겠네요.
선생님! 잘 계시다가 건강한 모습으로 오세요!
우리도 잘 있을 테니 오시면 한 번 뵈요.

희진이 엄마 드림

나는 희진이가 떠나기 2주 전, 한국에 돌아왔다. 미국에 있는 동안 혹여 비보를 들을까 많이 걱정했기에 귀국하자마자 희진이 병실을 찾았다. 아이는 이미 사람을 알아보지 못했고, 이야기도 나누기 어려웠다. 생일 파티에서 환하게 웃던 아이는 너무 많이 변해 있었다. 안쓰러운 마음에 뭐라 말도 못하고 다리만 연거푸 쓰다듬다 돌아왔다. 다음날 희진이 엄마에게 메일이 왔다.

짧은 만남이었지만 건강한 선생님의 모습을 뵐 수 있어서 기뻤습니다. 우리 희진이도 선생님께서 다녀가셨다는 얘기를 듣고 특유의 웃음을 지어 보였습니다. 찾아주셔서 고맙습니다.
늘 건강하세요.

일주일 정도 지나자 희진이는 심한 뇌부종으로 잠만 잤다. 날개를 다친 아기 새처럼 뒤척임도 없이 깊이……. 엄마는 아이를 흔들어서라도 깨우고 싶은 마음을 참고 또 참는다고 했다. 어떨 땐 자는 모습이 너무 평화로워 보여 깨우면 아무렇지도 않은듯 일어나 배고프다고 투정을 부릴 것만 같다고 했다.

그러나 아이는 일어나지 못했다. 일주일 후 말 한마디 남기지 못한 채 무심하게도 엄마의 곁을, 우리의 곁을 떠나고 말았다. 희진이가 떠나는 날은 하늘에서도 비가 내렸다. 내 마음속에도 한동안 비가 그치지 않았다.

나는 희진이에게 꼭 낫게 해주겠다는 거짓말을 했었다. 너무나 착하고 해맑았던 아이는 정말로 그 말을 믿었다.

'희진아, 선생님이 약속을 못 지켜서 미안해. 하늘나라에서는 아프지 않지? 아, 자꾸 바보처럼 눈물이 나네. 희진이가 울보라고 놀리고 있겠다.'

그로부터 몇 주 후 희진이 엄마에게서 메일이 왔다.

19일 새벽 우리 희진이가 다시는 돌아올 수 없는 곳으로 가버렸네요. 아픔도, 고통도, 불편함도 없는 곳으로 희진이가 가버렸어요. 아이를 품에 안고 한참을 울었어요. 긴 시간 아무런 말없이 못난 엄마를 따라와 준 너무 착한 딸이 가여워서 한없이 울었습니다. 많이 아팠을 텐데 아프단 투정 한 번 하지 않고 혼자 먼 길을 가버린 내 아이가 가여워서 한없이 울었습니다. 하지만 이젠 울지 않으려고요. 오늘 아이를 만나서 다짐했습니다. 밥도 잘 먹고 웃으면서 씩씩하게 희진이 몫까지 열심히 살겠다고!
선생님.
병원 생활을 오래 했지만, 선생님처럼 환자입장에서 노력하시는 분은 보지 못했습니다. 우리 아이가 선생님을 만난 건 행운이라고 생각해요. 작년 희진이 생일이 기억나네요. 행복해하던 아이를 보며 저도 정말 행복했습니다.
오래오래 기억하겠습니다. 감사합니다. 안녕히 계세요.

희진이에게 주어진 시간은 너무 짧았다. 짧았던 시간만큼 아이는 많은 것을 누리지 못했고, 알지 못한 채 떠났다. 지금도 생일파티에서 행복해하던 희진이의 모습이 생생하다. 많이 아팠지만 그래도 하늘 나라에는 행복한 기억만 갖고 갔기를 바래본다.

보고 싶구나, 희진아.

꿈이면 보는 낯익은 동리
우거진 덤불에서 찔레순을 꺾다 나면 꿈이었다.

— 노천명 〈망향〉 중

다섯 번째
너무 늦지 않아 다행입니다

하늘에 무지개를 보면 / 내 가슴은 뛰노라 / 내 인생 시작되었을 때 그랬고 / 지금 어른이 돼서도 그러하며 / 늙어서도 그러하기를 / 그렇지 않으면 차라리 죽는 게 나으리 // 아이는 어른의 아버지 / 내 살아가는 나날이 / 자연에 대한 경외로 이어질 수 있다면

-워즈워드 〈무지개〉

이 시를 읽다 보면 나는 어느새 어린 시절로 돌아가게 된다. 어린 시절엔 정말로 세상이 온통 아름답게만 보였었다.

이미 눈을 감은 사람 중에는 그때로 돌아갈 수만 있다면 모든 것을 포기할 수도 있다고 말하는 사람도 있었다. 병마와 싸우느라 지친 몸과 마음에서 벗어나 마냥 행복할 수 있었던 어린 시절로 돌아

갈 수 있기를 바란 것이다.

그러나 그럴 수 있는 사람은 세상에 아무도 없다. 이것이 오늘이 소중한 이유다. 다음 기회를 믿고 이런저런 이유로 중요한 것들을 미루다 보면, 우리는 마지막에 지금 이 순간을 후회하고 그리워하게 될는지도 모른다.

18년 전, 의사 국가고시가 끝난 후 인턴으로 들어가기 전 잠시 성가복지병원에서 환자를 돌본 적이 있었다. 의사면허증도 없는 풋내기 학생시절이라 모든 경험이 새롭고 의욕에 가득 찼지만, 사실 공백을 채우기 위해 잠시 지나가는 곳이라 생각했을 뿐, 그 두 달의 시간이 지금의 나를 있게 하리라고는 생각하지 못했다.

성가복지병원은 무료자선병원으로 가족이 없거나 극빈층의 사람들이 치료를 받는 곳이자, 언젠가 기회가 된다면 학생의 신분이 아닌 진정한 의사로서 다시 한 번 일하고 싶은 곳이기도 하다.

그곳에서 했던 일은 통증이 심한 환자에게 진통제를 놓아 주는 일이었는데, 그 중 기억에 남는 한 남자 환자가 있다. 그는 당시 마흔세 살로 피부암이 전신에 퍼져 있었고 통증이 심해 하루에도 3, 4차례 진통제를 맞지 않으면 잠을 못 자는 상황이었다. 자연스레 우리는 자주 만났고, 이런 저런 이야기를 나누다 보니 친해지게 되었다.

그는 유쾌하고 따뜻한 사람이었다. 몸은 암세포가 지배하고 있었지만, 그것이 그의 성격까지 지배하지는 못했다. 나는 무료한 병원 생활 속에서 시간이 날 때마다 그를 찾아 농담도 하고 이야기를 나누는 것이 즐거웠다. 그도 같은 생각이었는지 나에게 자신이 살아온 날들을 허심탄회하게 털어놓기도 했다. 그의 겉모습에서는 느낄 수 없었던 아픈 사연들이었지만, 그는 마치 무협지의 영웅담을 들려주듯 구수한 입담으로 인생사를 풀어놓았다.

그는 고등학교 2학년 때 처음 가출을 했다고 한다. 중학교 때까지는 공부도 잘하고 부모님 말씀도 잘 듣는 평범한 학생이었다. 그런 그가 고등학교 진학 후 성적이 떨어지면서 부모님의 기대에 미치지 못하자 자신감을 잃었다. 급기야 자괴감에서 벗어나기 위해 어른들의 기대에 어긋나는 행동을 일삼았고, 같은 반 친구의 꼬임으로 폭력 모임에도 가입하면서 가출까지 하게 된 것이다.

성인이 된 후에도 그의 삶은 달라지지 않았다. 경찰서와 교도소를 제집 드나들듯 오가며 젊은 시절을 보냈다. 처음에는 부모님이 설득도 하고 회유도 했지만, 그의 표현에 의하면 그가 부모님을 너무 질리게 했는지 어느 시기가 지나면서 더는 관여하지 않으셨다. 그 또한 자신의 생활에 빠져 가족들과 오랫동안 연락을 하지 않고 살아온 터라 소식은 자연스럽게 끊겼다.

2년 전 교도소에서 출소한 그는 서울역과 용산역에서 노숙생활을 전전했다. 그러다 단순 피부질환인 줄 알았던 염증 부위가 점점 커지자 약을 얻어 바르려다 우연히 피부암이 발견됐고, 두 달 전 이 병원으로 오게 되었다고 한다.

그의 이야기를 듣기 전까지 전혀 그런 사실을 몰랐고 상상할 수도 없었다. '폭력 전과자'라는 단어와는 전혀 어울리지 않을 정도로 예의 바른 행동들이 언제나 그의 몸에 배어 있었기 때문이다.

"하하하"

그는 갑자기 큰 소리로 웃기 시작했다. 혹시 내 마음을 들킨 건 아닌가 싶어 당황스러웠다.

"놀랐어요?"

"네?"

"아, 이걸 어쩌나. 그래도 선생님께는 멋진 사람으로 기억되고 싶었는데 못난 과거가 들통 났으니 말입니다."

"아니, 아니요. 다 지나간 일인데요, 뭘."

"저 같은 놈의 얘기를 이렇게 진지하게 들어준 사람은 여태 없었어요. 이렇게 털어놓고 나니 가슴이 후련하네요. 고맙습니다."

"앞으로도 하고 싶은 얘기가 있으시면 언제든지 하세요."

그는 진짜 그래도 되냐는 표정으로 나를 바라보았다.

"진짜요, 정말이예요."

그는 다시 한 번 호탕한 웃음소리로 병실을 가득 채웠다. 한참 어린 풋내기 의사가 당황하는 모습이 그로서는 귀엽게 보였을 수도 있었을 것이다. 어쨌든 나는 환자의 이야기를 들어준 것만으로도 그에게 도움이 된 것 같다는 생각에 뿌듯했다. 머리를 긁적이고 있던 나에게 그는 다시 한마디 던졌다.

"우리 예비 의사선생님은 정말 훌륭한 의사가 될 겁니다. 어디를 가시든지 지금처럼, 저 같은 환자들의 얘기도 들어줄 수 있죠?"

"그럼요. 꼭 그렇게 하겠습니다."

속내를 보여줄 수는 없었지만 그의 말에 진심으로 대답했고, 그는 눈빛으로 고마움을 표시했다. 지금도 환자들을 대할 때면 이따금 그의 이야기를 떠올린다. 그날 그의 한마디는 나에게 의사가 갖춰야 할 '사명감'에 대해 처음으로 진지한 고민을 하게 만들어 준 계기가 되었다.

"오늘은 유난히 통증이 더 심한 것 같습니다."

웬만해선 얼굴을 찡그리지 않던 그가 고통스러운 표정으로 말했다. 서둘러 모르핀 주사를 놓았다. 그는 그제야 마른 입술에 물 한 모금을 적시며 안정을 찾았다.

"우리 예비 의사선생님, 제가 부탁이 하나 있습니다."

"예, 말씀해 보세요."

"온종일 누워 있자니 몸도 쑤시고 바깥이 보고 싶네요. 시간 괜찮으시면 휠체어 좀 태워 주실 수 있을까요?"

"얼마든지요!"

성가복지병원은 주변을 둘러 보아도 마땅히 산책할 곳이 없었다. 어쩔 수 없이 엘리베이터를 이용해 1층 로비로 내려갔다. 늘 별생각 없이 지나쳤던 이곳을 그는 마치 구경거리가 많은 놀이동산에 소풍이라도 나온 것처럼 설레는 모습으로 둘러보고 있었다. 현관문을 통해 보이는 바깥을 바라보며 그는 나에게 물었다.

"선생님은 가장 행복했던 때가 언제입니까?"

잠시 머뭇거렸다. 가장 행복하였던 때라……. 잘 떠오르지 않았다. 그런 질문조차 너무 생소하게 느껴졌다. 그는 웃으며 말했다.

"저는 부모님과 함께 보낸 어린 시절이 가장 행복했던 것 같습니다. 우리 집은 단독주택이었는데 넓은 정원도 있었고 마당에서는 누렁이도 키웠지요. 시간이 날 때마다 꽃밭에 물도 주고, 누렁이랑 이리저리 얼마나 뛰놀았는지. 내 방에는 만화책도 많아서 친구들이 자주 놀러 왔거든요. 어머니는 친구들이 오면 고구마나 감자 같은걸 자주 쪄서 내 주시곤 했는데, 그래서 친구놈들이 우리 집을 더 좋아했어요."

그는 마치 동화책을 읽어주듯 평온한 표정으로 자신의 어린 시절을 회상하고 있었다.

"한 번은 부모님과 함께 시장에 갔어요. 지금이야 바나나가 흔하지만, 우리 어릴 땐 구경하기도 어려웠거든요. 그런데 그날은 웬일인지 한 다발을 몽땅 사주시는 거예요. 정말 정신없이 먹었어요. 결국 그날 밤새도록 설사 때문에 얼마나 고생 했는지……."

그는 크득크득 웃으며 말을 이어나갔다.

"그런데요, 며칠을 더 설사해도 좋으니까 단 하루라도 그 시절로 돌아가 봤으면 좋겠어요. 이상하게도 그날을 생각하면 지금도 기분이 참 좋아진다니까요."

"부모님이 보고 싶지는 않으세요?"

"에이, 예비 의사선생님도. 당연히 보고 싶죠."

장난스럽게 대답하는 그의 말끝에서는 그간 억누르고 살았을 지난날에 대한 아쉬움과 간절함이 느껴졌다.

"부모님은 아직 살아 계신가요?"

"잘 모르겠네요. 저 진짜 불효자식이죠?"

"지금이라도 여기저기 수소문해 보면 알아볼 수 있을 거예요."

"그렇겠죠. 그런데 돌아가셨을까 봐 겁이 나요. 만약 살아계신다 해도 어떻게 제가 그 앞에 나타나요. 평생을 저 때문에 애태우며 사셨을 텐데 아들이 암으로 죽어간다는 걸 아시면 얼마나 기가 막히고 속상하시겠어요. 이제야 잊고 편안해지셨을 텐데 차라리 찾지 않는 게 그나마 못난 자식이 할 수 있는 마지막 효도죠."

짐작하건대 그의 남은 날은 고작 2, 3개월이었다. 그의 몸에서는 하루하루 나쁜 증상들이 늘어갔다. 그럴수록 내 마음도 초조해졌다. 한 가지 고민에 대한 답을 내리지 못하고 있었기 때문이다. 그가 죽기 전에 부모님을 만나게 해주는 것이 옳을지, 아니면 그의 말대로 알리지 않는 것이 좋을지는 나에게 어려운 숙제였다.

그는 여전히 부모님 찾기를 거부하고 있었다. 하지만 그의 임종이 가까워지면서 병원은 결단을 내릴 수밖에 없었다. 가족이나 보호자와 장례절차에 대한 상의를 하는 것이 병원의 절차였기 때문이다. 고민 끝에 우리는 그의 가족을 찾기로 하고, 몇 날 며칠을 수소문한 끝에 그의 고향 집과 연락이 닿았다. 다행히 부모님은 두 분 모두 살아 계셨다.

우리는 나이 드신 부모님께서 놀라지 않으시도록 아들의 상황을 차분히 설명해 드리려고 노력했다. 하지만, 수십 년 만에 말기 암환자로 만나게 될 자식의 사정을 들은 부모가 어찌 그럴 수 있을까. 부모님을 모시고 그가 있는 병실까지 가는 길에 심하게 요동치는 두 분의 심장 소리를 느낄 수 있었다. 부모님의 눈빛엔 긴장과 두려움이 역력했고, 나 또한 복잡한 감정들을 다잡기 위해 애쓰며 바삐 걸어갔다. 병실 문을 여는 순간, 휑한 침대에 홀로 누워 있는 아들을 발견한 부모님은 잠시 멈칫하셨다. 아들도 많이 놀란 것 같았다. 그것도 잠시. 부모님과 그는 누가 먼저랄 것도 없이 서로 부둥켜안고 울었다. 그는 눈물을 훔치며 부모님 앞에 무릎을 꿇었다.

"아버지, 어머니 정말 죄송합니다. 이 불효자식을 용서하세요. 제가 좀 더 일찍 뉘우쳤어야 했는데, 정말 죄송해요."

부모님은 아들을 일으켜 세웠다. 아들의 얼굴을 보는 순간 이미 지난날 속 썩었던 일들은 아무것도 아니었다.

"아니다, 아니다. 다 우리 잘못이다. 너도 힘들었을 텐데 그걸 모르고 자식새끼 원망을 쌓아두고 살았구나. 어이구, 내 새끼. 이렇게 아픈 줄도 모르고."

부모님은 아프고 초라한 행색의 아들을 지켜보면서도 질책도 원망도 없으셨다. 오히려 아들이 아픈 것이 자신들의 탓인 것처럼 죄스러워하셨다. 그래도 이제라도 만날 수 있어 다행이지 않느냐는 말씀도 연거푸 하셨다. 나이 든 아들의 몸 여기저기를 연신 쓰다듬으며 눈물 흘리는 부모의 모습에 지켜보던 사람들도 함께 뭉클해졌다.

늙은 부모님과 아픈 아들의 동거는 행복해 보였다. 항상 홀로 병상을 지키던 그의 주변엔 어느새 따뜻한 가족의 온기가 느껴졌고,

부모와 함께하는 작은 공간은 이 세상 어느 곳과도 비교할 수 없는 가장 특별하고 아름다운 공간이 되었다.

"제가 마지막을 보내기에 이보다 완벽한 곳은 없을 거예요."

그에게 행복은 크거나 화려한 것이 아니었다. 부모님과 같이 밥을 먹는 일, 병원 로비를 걸으며 서로 농담을 주고받는 것……. 이러한 사소한 것들이 그에게는 지금까지 단 한 번도 느껴보지 못한 기적 같은 순간들이었다.

너무나 보고 팠던 부모님이어서일까. 그는 자는 시간도 아까운듯 잠든 부모님의 얼굴을 한참 동안 물끄러미 바라보곤 했다. 그 눈길을 쉽게 거두지 못하고 아침을 맞이한 때도 많았다. 하루하루 그가 느끼는 진통 횟수는 늘어갔으나, 이제 혼자가 아니라는 사실에 그는 큰 힘을 얻고 있는 것 같았다. 어느 날 웬일로 병원 로비에 홀로 앉아 있는 그가 보였다.

"좋아 보이시네요. 이 병원에서 가장 행복해 보이세요."

"그런가요? 하하하. 다 선생님 덕분이죠."

그는 쑥스러운듯 보였지만 그렇다고 감정을 숨기려 하지는 않았다.

"정말 고마워요, 선생님. 만약 제 고집대로 부모님을 찾지 않았다면 죽어서도 눈을 못 감았을 겁니다."

"그럼요, 정말 잘 된 일입니다."

"어, 엄마. 미안해. 내가 미안해.
태어나서 미안하고,
머, 먼저 가서 미안하고. 다 미안해."

"그런데 부모님이 많이 늙으셨어요. 주름살도 너무 깊게 패셨고, 힘도 없어 보이시네요. 다 저 때문이죠. 이제야 부모님 늙으시고 약해지신 게 눈에 보이네요. 조금 더 일찍 철들었으면 좋았을 텐데 말입니다."

그의 씁쓸한 미소가 어쩐지 쓸쓸해 보였다.

"그래도 너무 늦지 않아 다행입니다. 늙은 부모님 얼굴이라도 뵙고 떠날 수 있으니 말입니다."

며칠 후 아버지는 아들에게 조금 더 힘을 내라고 당부하시고, 떨어지지 않는 발걸음을 돌리셨다. 무덤덤한 표정이었지만 돌아서는 아버지의 어깨는 작게 흔들렸다. 그 모습을 지켜보던 아들의 눈에서도 끝내 굵은 눈물이 떨어졌다. 그는 나지막이 속삭이듯 중얼거렸다.

"아버지, 아버지……."

차마 소리를 내지는 못했지만 아버지를 부르며 엉엉 울고 싶었을 것이다. 그 느낌이 너무 생생하게 남아 있는 탓일까? 지금도 그날 그들 부자의 마지막 이별 장면을 떠올릴 때면 저절로 코끝이 찡해온다.

아버지가 집으로 돌아가신 후, 그의 상태는 급속도로 나빠져 갔다. 그런 아들을 지켜보는 어머니의 한숨과 눈물도 하루하루 더해 갔다. 조금이라도 통증이 가라앉기를 바라며 아들의 온몸을 주무르고, 혹시라도 잠깐 사이 어찌 될까 싶어 잠시도 머리맡을 비우지 못하고 지키던 노모의 가슴속은 점점 타들어만 갔을 것이다.

하지만 어머니의 노력과 바람에도 그는 의식을 잃어가기 시작했다. 이따금 겨우 정신이 들 때면 마른 입술을 움직이려 애썼다.

"어, 엄마. 미안해. 내가 미안해. 태어나서 미안하고, 머, 먼저 가서 미안하고, 다 미안해."

"내 새끼, 힘드니깐 인제 그만 해. 응? 그러다 기운 다 빠져. 그 마음 다 아니깐 그만 해도 돼. 불쌍한 내 새끼……."

얼마 지나지 않아 그는 미안하단 말도 할 수 없을 만큼 깊은 잠속으로 빠져들었다. 그의 몸은 이제 정말 시간이 얼마 남지 않았다고 말하고 있었다. 이제야 아들의 죽음이 현실로 느껴지는지 노모는 초조해 보였다. 혹시나 듣고 있을지도 모를 아들의 귀에 대고 아들이 얼마나 소중한 존재인지, 자신이 얼마나 사랑하고 있는지 이야기해 주었다.

"귀중한 내 새끼, 사랑하는 내 아들. 다음 생에도 나는 네가 내 아들이었음 좋겠다. 그래 줄 수 있지? 그래야 이번 생에 못해준 거 이 어미가 다 갚지 않겠니. 귀중한 내 새끼, 사랑하는 내 아들……."

대답은 없었지만 듣고 있는 것처럼 그의 눈은 이슬로 반짝였고, 들리지는 않았지만 적막이 감돌던 병실은 한마디의 메아리가 조용히 울려 퍼지는 듯했다.

'엄마…….'

아들은 길고 힘들었던 사투 끝에 어머니의 품에서 생을 마감했다. 허망하게 가버린 가엾은 아들을 바라보며, 노모는 하염없는 눈물과 통곡으로 한참을 보냈다. 단 며칠의 짧았던 봄날은 그렇게 끝났다.

신이 인간의 언어를 만들 때 아내를 잃은 남편은 '홀아비'라 정했고, 남편을 잃은 아내는 '과부'라 정했으며, 부모를 잃은 자식은 '고아'라고 정했으나, 자식을 잃은 부모는 그 아픔이 너무 커서 부를 마땅한 호칭이 없었다고 한다. 자식을 잃은 아픔을 칼로 심장을 도려내는 아픔과 비교할 수 있을까. 평생 자식 노릇도 제대로 못한 못난 아들이었지만, 그런 아들의 마지막 죽음 앞에서 절규하며 흘린 노모의 눈물은 세상 모든 부모님의 마음일 것이다.

병원 로비에서 그가 평온한 얼굴로 내게 했던 말이 떠오른다.

"그래도 너무 늦지 않아 다행입니다. 늙은 부모님 얼굴이라도 뵙고 떠날 수 있으니 말입니다."

생(生)은 타인의 의지에 달려 있으며
죽음은 우리의 의지에 달려 있다.
― 미셸 몽테뉴

여섯 번째

끝까지 뛰기를
포기하지 않았습니다

'암을 극복한 인간 신화'로 잘 알려진 미국의 프로 사이클 선수 랜스 암스트롱. 그는 언제나 "사이클이 암보다 어렵지 않다. 나는 이겨낼 수 있다."라고 말하며, 자신에게 내려진 가혹한 시련을 불굴의 의지로 이겨낸 인물이다. 폐와 뇌로 진행된 고환암 때문에 생존 확률이 3%밖에 안 된다는 말을 들었지만, 그는 단 한 번도 좌절하지 않았다. 열심히 치료했고, 강인한 정신력으로 두려움과 고통을 긍정으로 승화시켰다. 그에게 있어 사이클은 암을 극복하도록 도와준 일등 공신이었다. 투병 중에도 달리기를 멈추지 않았고 완치 후에는 '투르 드 프랑스 대회' 7연패라는 놀라운 기록도 남겼다. 그에게 있어 사이클이란, 기적을 낳는 1%의 희망이었던 것이다.

희망은 또 다른 말로 '가능성'이다. 단 1%의 가능성이라도 있다면 그것은 결코 불가능한 것이 아니다. 물론 암과 같은 병은 의지가 있다고 극복할 수 있는 것이 아니다. 하지만, 살아 있는 순간만큼은 좀 더 강하게 버틸 수 있는 힘을 주는 건 사실이다.

사십대 후반의 한 남자가 부인과 함께 진료를 보러 왔다. 무척 숨차 보였지만 이상하게도 얼굴은 밝아 보였다. 그가 가져온 검사 자료를 보았다. 폐에 암이 다 퍼진 상태로 숨쉬기가 매우 어려운 상황인데도 이렇게 앉아서 이야기를 나눌 수 있다는 것이 놀라웠다. 많이 힘드시겠다는 말에 오히려 그는 이상하리만치 느긋하게 이야기를 꺼냈다.

"힘들죠, 힘들지 않으면 이상한 거죠. 제 가슴 사진 보고 많이 놀라셨죠?"

아니라고 말할 수는 없었다. 지금 이 사진이 그의 것이라기엔 목소리는 활기로 넘쳤고, 눈에서는 빛이 나는 것 같았다. 도대체 무엇이 그를 이렇게 만든 것일까?

"이상한 얘기처럼 들리겠지만 만약 제가 마라톤을 시작하지 않았다면 아마 이렇게까지 잘 버티지 못했을 겁니다. 숨도 더 많이 찼을 테고요."

"마라톤이요?"

나도 모르게 목소리를 높였다. 건강한 사람도 잘못하면 위험한 상황에 빠질 수 있는 게 마라톤이었다. 정말이지 믿을 수가 없어서 다시 한 번 바보 같은 질문을 했다.

"힘들지 않으세요?"

"아이고, 힘들죠. 그래도 완주하고 골인 지점을 통과할 때의 그 희열은 말로 다 못합니다. 정말 잊을 수가 없지요. 암이랑 싸워서 이긴다면 바로 이런 기분이 아닐까 싶어요."

가쁜 숨을 내쉬면서도, 그는 힘겨운 전장에서 이뤄낸 승리의 무용담을 펼쳐놓듯 한참 이야기를 이어나갔다. 그런 그가 내원하게 된 이유는 기침과 가래가 점점 심해졌고, 숨쉬기도 어려워졌기 때문이었다. 청진을 해보니 폐에선 매우 거친 소리가 들렸고, 몇 가지 소견상 폐렴이 의심되었다. 노약자와 말기 환자에게 있어 폐렴은 위험한 것이지만, 특히 암환자에게는 암보다도 더 생명을 위협하는 것이기에 입원 치료가 시급했다.

우선 혈액검사와 흉부 사진을 다시 찍었다. 결과는 예상대로 폐렴이었다. 바로 항생제 치료를 시작했다. 다행히 폐렴은 좋아졌고 숨소리도 부드러워졌다. 말하기가 한결 수월해진 그에게 나는 마라톤을 하게 된 동기에 대해 물었다.

"제가 마라톤을 시작한 건 3년이 안 돼요. 그전까지는 그냥 평범한 샐러리맨이었어요. 직장과 집밖에 모르는. 운동을 안 해서 근육은 어디로 갔는지 찾을 수 없었고, 말랑말랑한 살들만 잔뜩 있었죠. 그런데 언제부턴가 잔기침이 계속 나오더라고요. 감기약을 먹어도 잘 낫질 않고 해서 병원에 갔거든요. 그런데 폐암이래요. 담배를 좀 피우긴 했지만, 그래도 그렇지 폐암이라니……. 너무 기가 막혔죠. 하필이면 내가 왜 이따위 병에 걸렸는지 하늘을 원망했어요. 아무것도 하기 싫었고, 사람들도 만나기 귀찮고……. 삶 자체가 무의미했어요. 뭘 해도 행복하지 않았어요. 행복이 다 뭐에요. 세상에서 최고로 불행한 사람이었죠.”

나는 많은 환자에게 그들의 상태가 얼마나 안 좋은지 알려왔지만, 아직도 그 과정이 어렵기만 하다. 그러니 평소엔 암에 대해 생각도 못하고 있던 사람이 자신에게 내려지는 암 진단 앞에 초연하기란 거의 불가능하다고 봐야 한다.

“그런데요, 항암치료하고 뭐 하고 그냥 정신없이 보내다가 어느 날 우연히 '포레스트 검프'라는 영화를 보게 됐어요. 아시죠? 톰 행크스 나오는. 거기서 포레스트 아이큐가 얼만 줄 아세요? 75예요. 게다가 다리까지 불편한, 한마디로 사회생활 자체가 힘든 사람이었죠. 그런 그가 제니라는 친구 도움으로 학교를 졸업하고 달리기를 통해 사람들을 만나고 그들의 삶을 변화시키더라고요. 진짜 뭐랄까요? 가슴이 찡한 게 내 모습을 돌아보게 됐어요. 너무 빨리 모든 것을 포기한 제가 한심해 보이더라고요. 마음을 굳게 먹었죠. '그래, 나도 한 번 해 보자! 못할 게 뭐 있겠어?' 그래서 무작정 시작한 게 마라톤이었어요."

"그런데 왜 하필 마라톤이셨어요? 다른 운동도 많은데요."

"아, 그게요……. 처음에 암을 치료 받을 생각을 하니까 너무 막막한 거예요. 긴 싸움이 될 것 같았죠. 마라톤도 마찬가지잖아요. 처음 출발선에 섰을 땐 언제 결승선에 다다를까 막막하잖아요. 어쩐지 둘이 닮은 듯 했어요. 마라톤을 해내면 암이랑 싸워서도 이길 수 있을 것 같은 기분이 들었다고나 할까요?"

이제야 그가 마라톤을 하게 된 이유를 알 것 같았다.

"처음에는 혼자 연습하다 마라톤 동호회에도 가입했어요. 5km부터 시작해 10km, 하프마라톤, 그리고 결국 42.195km까지 완주했죠. 마라톤은 자기와의 싸움이기는 하지만 저는 싸워야 할 대상이 또 있잖아요. 달리고 있을 때는 아무 생각도 안 나더라고요. 완주해서 나를 이기고 '암'을 이기겠다는 생각만 했죠. 결승점을 통과하고 나면 세상을 다 얻은 느낌이 들면서 정말 행복이 별건가 싶어져요. 무엇이든지 할 수 있을 것 같고, 무엇보다도 삶의 의지가 불끈 솟아나요."

그에게 있어 달리기는 살아 있음을 증명하는 길이었고,
이겨낼 수 있다는 가능성이었다.
하지만, 더 이상은 절대로 달려서는 안 되는 상황이 오고 말았다.

그에게 마라톤 대회에서의 순위는 하나도 중요하지 않았다. 중요한 것은 자신이 암환자임에도 뛰는 것을 포기하지 않았다는 사실이었고, 삶의 의지를 지키는 것이었다. 한참을 신나서 설명하던 그가 나를 쳐다보던 눈동자를 아래로 내리며 곤란한 질문을 던졌다.

"이제는 달릴 수 없겠죠?"

그에게 있어 달리기는 살아 있음을 증명하는 길이었고, 이겨낼 수 있다는 가능성이었다. 하지만 더는 절대로 달려서는 안 되는 상황이 오고 말았다. 나는 마땅한 대답을 찾기가 힘들었다. 그런 내 마음을 읽었는지 그는 다시 눈을 반짝이며 말했다.

"혹시 기적이 생겨 제가 다시 달릴 수 있게 되면요, 저랑 같이 달려주실 수 있을까요?"

"물론이죠! 어디를 뛰고 싶으세요?"

"춘천이요. 의암호를 끼고 뛰는 춘천 마라톤은 정말 우리나라에서 가장 아름다운 코스예요. 꼭 다시 한 번 뛰고 싶어요. 저 온 힘을 다해 이겨낼 거니까 약속 지키셔야 해요."

"네, 약속 반드시 지킬 테니 꼭 일어나셔야 해요."

그는 의지가 무척 강한 사람이었다. 다시 한 번 뛰어보고 싶다고 말하는 그의 눈빛은 벌써 달라져 있었다. 흔쾌히 약속은 했으나 한 번도 마라톤 풀코스를 뛰어본 적이 없는 나는 걱정되는 것도 사실이었다. 그러나 환자가 일어난다면야 그깟 마라톤이 대수일까. 하지만, 약속을 깬 건 그였다. 호전을 보였던 폐렴이 급속도로 악화되기 시작했고, 회복의 기미는 보이지 않았다. 그의 가느다란 호흡은 바람 앞의 촛불처럼 위태롭기만 했고, 얼마 지나지 않아 그는 조용히 가느다란 숨을 내쉬고 다시는 깨지 않을 긴 잠을 자기 시작했다.

암환자들의 공통점은 '자신감이 없다.'는 것이다. 물론 그렇지 않은 사람도 있고, 이 말에 반감을 갖는 사람도 있을 것이다. 죽음을 앞에 두고 어떻게 자신감을 운운할 수 있겠는가. 하지만, 자신감은 내가 어떻게 죽느냐를 결정짓는 중요한 문제다. 끝까지 뛰기를 포기하지 않았던 그 환자는 암에 대한 공포와 죽음에 대한 두려움을 마라톤을 통해 이겨냈다. 그것은 자신감과 용기가 있었기에 가능했다. 길지 않은 생의 말미를 아픔과 좌절에 휘둘리며 불행해 하기보다는, 자신을 다독이고 희망을 바라보며 행복하게 마무리할 수 있었던 것이다.

그와의 약속을 함께 지킬 수는 없었지만, 혼자라도 꼭 춘천 마라톤을 뛰고 싶었던 차에 내가 치료했던 환자 중 마라톤을 좋아하는 여자 환자가 기억났다. 그녀에게 전화하니 자기는 벌써 신청했다고 했다.

처음 의암호 주위를 달리기 시작할 때만 해도 가슴이 확 트이는게 참 좋았다. 그러다가 20km 정도 지나자 한 발, 두 발 떼기도 어려워졌다. 포기하고 싶은 생각이 머리끝까지 차올랐다. 그런 순간이 올 때마다 환자들의 얼굴과 지금쯤 하늘에서 나를 지켜보고 있을 그의 얼굴을 떠올렸다. 그리고 옆에서는 그녀가 계속해서 나를 격려했다.

"교수님, 이제 와서 포기하시는 건 아니죠? 우리 조금만 더 힘내자고요!"

드디어 42.195km의 끝이 보였다. 결승선을 통과하는 순간 정말 그의 말처럼 알 수 없는 희열과 행복이 땀과 함께 온몸을 적셨다.

그는 누구보다 험난했고 누구보다 아름다웠던 인생의 코스를 완주했다. 인생엔 수많은 두려움이 마라톤 코스처럼 늘어서 있다. 한 걸음 한 걸음 내딛다가도 더는 한걸음도 앞으로 나갈 수 없을 만큼 지치기도 한다. 그렇다고 뛰기를 멈출 수는 없다. 여전히 나는 살아있기 때문이다. 언젠가 내가 뜻하지 않은 벽에 부딪혀 주저앉고 싶은 순간이 온다면 나는 그의 말을 떠올릴 것이다.

"37km쯤 지나면 정말 죽을 것 같거든요. 하지만 이 고비만 넘기면 '더 좋은 일이 생길 것'이라는 기대 때문에 안 뛸 수가 없어요."

이윽고 밤의 적막 속에 그것은 깨끗이 묻어버리고
다음날에는 비록 새 슬픔일지라도…….
— 박재삼 〈슬픔을 탈바꿈하는〉 중

일곱 번째

슬픔 뒤,
다시 시작입니다

"긴 병에 효자 없다."라는 옛말이 있다. 무슨 일이든 오래 끌게 되면 마음과 몸이 소홀해진다는 것을 비유적으로 표현한 것인데, 사실이 그렇다. 특히 병원에서 오랜 기간 투병하는 환자와 보호자를 보고 있노라면 이 말이 피부로 느껴진다. 환자가 처음 입원한 며칠은 찾아오는 사람이 많지만, 투병 기간이 길어지면 그 발길은 점차 뜸해지다가 결국 외롭게 병상을 지키는 환자의 모습을 본 게 여러 번이다.

물론 모두가 그런 건 아니다. 드물기는 하지만 오랜 투병 생활에도 항상 밝은 표정으로 환자의 곁을 지키는 보호자도 있기 마련이다. 이런 보호자를 보게 되면 나도 모르게 고개가 숙여진다. 특히 자식들이 일상을 포기하고 아픈 부모의 수족이 되어주는 모습을 볼 때면 안쓰러우면서 존경스럽기도 하다. 그리고 그런 자녀를 둔 부모의 마음이야 미안함도 크겠지만, 한편 병을 이겨낼 더 큰 힘을 얻기도 한다. 여기, 그런 여성이 있다. 끝까지 자신의 곁을 지켜준 예쁜 딸들 덕분에 행복하게 생을 마감한 어느 어머니의 이야기를 소개하려고 한다.

어느 날, 폐암으로 2년 동안 항암치료를 받던 예순 살의 여성이 숨 쉬는게 힘들어지자 우리 병원을 찾았다. 흉부 사진을 찍은 결과 오른쪽 폐에 물이 많이 차 있었다. 물을 빼내기 위해 얇은 관을 삽입하고, 하루에 500-1,000cc를 배액했다. 호흡곤란이 호전되자 환자도 편안해했다.

그녀의 보호자는 딸들이었다. 남편은 갑작스러운 교통사고로 세상을 떠난 지 오래고, 지금까지 딸 셋을 혼자 힘으로 키웠다고 한다. 아이들과 먹고 살기 위해 안 해본 게 없을 정도로 억척스럽게 살았다. 다행히 딸들은 착하고 똑똑하게 자라 모두 대학을 졸업했고 좋은 회사에 취직했다. 이제야 '조금은 여유롭게 살아도 되겠구나!' 한숨을 돌릴 수 있었다.

하지만, 그것도 잠시. 기다렸다는 듯 그녀에게 병마가 들이닥쳤다. 진단명은 폐암 말기. 담배는 물론 술도 마시지 않았고, 돈 아끼느라 먹고 싶은 것도 다 참으며 살아왔는데 암이라니……. '하늘은 왜 나에게 이런 시련을 주시는 걸까?' 원망스러운 마음에 며칠을 울기만 했다고 한다.

딸들은 엄마를 살리겠다고 백방으로 뛰어다녔지만 길을 찾을 수 없었다. 엄마를 이대로 보내야 한다는 생각에 함께하는 일분 일초가 안타까웠다. 큰딸과 작은딸은 남은 시간을 엄마와 함께 보내기 위해 회사까지 그만뒀다.

폐에 관을 꽂은 다음 날 청진하니 그녀의 숨소리는 전날보다 많이 좋아졌고, 숨 쉬는 양상도 크게 호전되어 코로 들어가는 산소 관을 제거했다.

이후 반복되는 치료를 통해 한숨 돌리고 나니 언젠가 그녀들이 병원이 떠나갈 정도로 한참 웃었던 일이 생각났다. 고단하기만 할 병원 생활에서 그렇게 웃을 일이 뭐가 있는지 궁금했다. 내 물음에 그녀는 자랑하듯 말했다.

"아, 그거요? 우리 애들이 위문 공연을 해줬거든요. 제가 너무 처져 있다고. 노래도 부르고 춤도 추는데 어찌나 재밌던지 한참을 웃었네요. 어렸을 땐 재롱도 많이 부리고 했는데 이젠 다 컸다고 노래는 노래방에서밖에 안 부르더니, 웬일인지 그날은 사람들 다 보는 데서 어린애들처럼 율동까지 곁들여서는……."

그 생각이 다시 나는지 그녀는 웃음을 참지 못했다.

"무슨 노래를 불러줬는데요?"

"해바라기의 〈사랑으로〉요. 제가 가장 좋아하는 노래거든요."

나는 노래가 듣고 싶기보다 〈사랑으로〉에 맞춰 어떤 율동을 했기에 그렇게 웃음바다가 될 수 있었는지 그게 더 궁금했다. 상상만 해도 재미있는 광경이긴 했다.

"행복하셨겠네요."

"정말 행복했어요. 사실 애들 아버지 죽고 혼자 남았을 때, 저도 죽으려고 했거든요. 혼자서 애들을 키울 자신도 없고……."

그 세월이 고스란히 녹아든 탓인지 그녀의 얼굴엔 나이보다 깊은 주름들이 여기저기 보였다.

"그런데 이 녀석들이 떡하니 눈을 똥그랗게 뜨고 저를 바라보고 있어 정말이지 이를 악물고 살았어요. 다행히 크는 동안 속 한 번 안 썩이고, 무사히 대학까지 나와서 번듯한 직장에 다니니 얼마나 행복한지 몰라요. 제가 이렇게 아파 그렇지 이제는 하늘에 있는 남편 볼 면목이 선다니까요. 우리 딸들 정말 예쁘죠?"

내 눈에도 그녀의 딸들은 예뻐 보였다. 엄마에게 하는 행동과 말씨, 엄마를 생각하는 마음까지 예쁘지 않은 것이 없었다.

하루는 딸이 면담을 요청했다.

"교수님, 엄마에게 좋은 추억을 만들어 드리고 싶어요. 그동안 고

생만 하셨지 제대로 여행 한 번 다녀오신 적이 없거든요. 멀리 갈 수는 없겠지만, 가까운 곳으로 소풍이라도 다녀올 수 있을까요? 가능하다면 병실 환자분들도 모두 같이요."

삶이 얼마 남지 않은 말기 환자들도 기분 전환을 할 수 있는 시간은 필요했다. 보통 사람들도 일에 시달린 스트레스를 풀어주기 위해 취미 활동을 즐기거나 여행을 떠나듯 말이다.

"한 번 준비해보죠. 그런데 시간이 좀 걸릴 겁니다. 병원 허락도 받아야하고, 함께 갈 수 있는 간호사들과 구급차도 확보해야 하고. 환자들은 아무리 가까운 곳이라고 해도 준비할 게 많으니까요."

"아, 감사합니다! 병실 가족들도 엄마도 모두 기뻐할 거예요."

나는 직원들과 이 문제를 상의했다. 장소는 임진각으로 하고, 병원 간호부와 총무팀의 협조로 한나절 다녀오기로 했다. 환자는 세 명이었지만 가족들과 의료진을 포함해 총 스물 다섯명 정도가 참석했다.

출발할 때 하늘이 흐려 걱정했는데, 아니나 다를까 목적지에 도착하자마자 비가 내리기 시작했다. 비를 피해 이리저리 뛰어다녔더니 환자와 가족들은 그 모습이 재미있기도 하고 고맙기도 했는지 한참을 웃었다. 비가 오긴 했지만 야외에서 먹는 밥은 꿀맛이었다. 환자들도 병원에서 보던 표정과는 달라 보였다. 이번 여행을 제안했던 딸들과 어머니도 즐거워보였다. 흐뭇한 순간이었다.

  점심을 마치고 전망대까지 둘러본 우리는 아쉽지만 다시 일상에 복귀했다. 다음 날 아침, 환자의 큰딸이 보낸 메일을 확인할 수 있었다.

출발은 좋았는데 도착하고부터 왜 그리도 비가 타이밍에 맞추어서 오는지… 아직도 흠뻑 젖은 선생님 모습이 눈에 선합니다.
사실 진료 없는 날 하실 일도 많으실 텐데 환자들을 위해 깊이 배려해주시는 선생님께 어떻게 감사를 드려야 할지 모르겠습니다.
엄마에게 암이 발병하면서 이전과는 전혀 다른 세상에 살고 있습니다. 그동안 병원이랑은 담쌓고 살았는데 이젠 웬만해선 입·퇴원에서부터 어떤 검사를 어디에서 하고, 입원을 하려면 무엇을 준비해야 하는지 다 아는 단계까지 와버렸네요. 별로 친하게 지내고 싶지 않았는데 말입니다.
사랑하는 엄마의 아픈 모습에 매일 마음이 아픕니다. 세상사가 다 하늘에 계신 분의 뜻이라 생각하면서도 인간의 욕심이라는 게 마음을 다잡는 것을 이리도 힘들게 합니다. 한 가닥 희망을 잡고 혹여 주님께서 기적을 보이셔서 엄마가 훌훌 다 털고 일어나시진 않을까 하는 기대를 아직도 버리지 못하고 있습니다. 힘든 상황에서도 엄마에게 다시 한 번 세상을 보여주신 선생님께 진심으로 감사드립니다. 함께 해주신 간호사분들께도 진심으로 감사드립니다. 나중에 선생님께 제가 어떤 도움이 될 수 있다면 언제든지 불러주세요.
천사 같은 선생님을 위해서 늘 기도하겠습니다.

읽으면서 많이 부끄러웠다.
'내가 과연 이렇게 큰 감사를 받아도 될까?'
나의 작은 행동이 환자와 가족들을 기쁘게 해주었다는 사실이 보람있고, 행복했다.
딸들은 한결같이 엄마를 웃게 하려고 노력했고, 그녀의 손은 한시도 외롭게 있었던 적이 없었다. 마치 어린아이 대하듯 얼굴을 만지고 머리도 쓰다듬었다. 아마도 그녀가 떠난 후 그리워질 엄마 냄새를 조금이라도 더 기억하고 싶어 애쓰는 것 같았다.
가끔은 병실에 들어가지 못하고 복도에서 서성이는 딸들의 모습도 볼 수 있었다. 병간호에 열심이다가도 순간순간 엄마와의 이별이 가까워지고 있다고 느낄 때마다 울컥하는 마음을 주체하는 게 힘들어 보였다. 그러나 딸들의 안타까운 마음과는 상관없이 그녀의 상태는 하루가 다르게 나빠졌다.

아마도 그녀가 떠난 후 그리워질
엄마 냄새를 조금이라도 더 기억하고 싶어
애쓰는 것 같았다.

급기야 그녀의 얼굴에선 미소가 사라지고, 어떤 말도 들을 수 없을 정도로 상태가 악화되었다. 정말 이별을 준비해야 하는 상황이 온 것이다. 며칠 후 환자에게 갑작스러운 호흡곤란과 흉통이 발생했고, 손쓸 겨를도 없이 우리는 그녀를 보내야 했다. 임상적으로는 폐색전증이 의심됐다. 딸들은 한참 동안 하염없이 눈물만 흘렸고, 싸늘해진 엄마의 몸을 계속 어루만지며 쉽게 손을 놓지 못했다.

일 년 정도 지났을까? 반가운 소식을 들을 수 있었다. 환자의 큰딸이 결혼한다고 했다. 남편 될 사람은 함께 소풍을 갔던 다른 환자의 아들이라고 했다. 아마도 같은 아픔을 가지고 있었기에 서로의 상처를 이해하고 감싸주다 사랑까지 이르게 되었을 거라 짐작했다. 두 사람을 축하해주기 위해 결혼식에 참석했다. 그런데 나를 보자마자 환자의 딸들은 너나 할 것 없이 울음을 터뜨렸다. 아마도 가슴속에 접어두었던 어머니 얼굴이 생각났을 것이다. 나는 아무 말도 하지 못하고 잠시 자리를 지키다가 식이 끝나기 전에 자리에서 일어섰다.

사랑하는 사람을 떠나 보내고 그 슬픔을 이기지 못해 오랫동안 힘들어하는 보호자들을 본 적이 있다. 나는 솔직히 그녀의 딸들도 걱정했었다. 딸들이 엄마를 얼마나 사랑했는지 알았기에 그 빈자리가 그녀들을 너무 힘들게 하진 않을까 말이다. 그러나 잠시나마 새로운 출발을 하고 있는 딸들의 모습을 지켜보고 나니 다행이다 싶었다.

딸들이 잠시 자리를 비운 사이, 그녀가 했던 말이 생각난다.
"제가 떠나도 착하고 똑똑한 아이들이니 제 갈 길 잘 살아가겠지요? 그것만으로도 전 괜찮아요, 다 괜찮아요."

한 자루의 양초로 많은 양초에 불을 옮겨 붙이더라도
첫 양초의 빛은 흐려지지 않는다.
— 《탈무드》

여덟 번째
주는 기쁨을
알게 되었습니다

누군가 나를 위해 희생하고, 사랑받는다는 것은 행복한 일이다. 언제나 내 편이 되어줄 사람이 있고, 항상 응원받고 있다는 든든함이랄까? 그런데 신기하게도 이따금 우리는 받는 것보다 나누는 것에서 더 큰 행복을 느끼기도 한다. 그리고 나누는 기쁨은 나눌수록 더욱 커지고, 한 번 경험하고 나면 계속해서 경험하고 싶어지는 신비로운 힘을 가지고 있다.

    내가 아는 한 청년도 그랬다. 그는 언제나 세상은 자기중심으로 돌아간다고 믿었고, 늘 받는 것에 익숙했었다. 그러나 우연한 기회에 나눔의 기쁨을 알게 됐고, 더 많은 것을 나눌 수 있는 삶을 살고 싶어 했다. 마지막 순간까지 세상에 빛을 나누고 떠났던 그가 더욱 보고 싶은 날이다.

7년 전, 스물두 살의 꿈 많은 대학생이 있었다. 겉으로 보기에 그는 누구보다 건강했다. 평소 대변을 볼 때마다 피가 나와 검사를 한 번 받아봐야겠다고 생각하고 있었지만, 별거 아닐거라 생각했다. 차일피일 검사를 미루어 오던 중 대학교 3학년 여름 방학에서야 종합병원에서 검진을 받았다.

단순한 스트레스가 원인이라 생각하고 가볍게 받았던 검사 결과는 대장암. 이미 전이가 이루어져 간에도 손상을 입은 상태라고 했다. 살아온 날보다 살아갈 날이 더 많이 남았다고 믿어 의심치 않았던 그가 감당하기엔 너무 가혹한 시련이었다. 그러다 문득 깨달았다고 했다. 이런저런 생각을 할 여유가 없다는 것을. 그것은 사치일 뿐이었다. 당장 인생계획에 없었던 일들에 모든 것을 쏟아 부어야 했고, 살기 위해서는 당장 앞에 놓여 있는 험준한 산들을 하나씩 넘어야 했다. 그것은 결코 쉽지 않을 것이기에 그는 어느 때보다 스스로 강해져야 한다고 다짐했다.

우선 수술로 대장과 간 일부를 절제하고 항암치료도 열두 차례 실시했다. 하지만, 모든 수고와 고통을 비웃기라도 하듯 암은 더욱더 커졌다. 그럴 때마다 청년은 자신의 의지가 아무것도 아니라는 생각이 들었고 무기력해졌다. 살아야 할 이유가 너무 많았지만 항암치료가 무의미하다는 것을 받아들여야 했다. 그래서 그는 통증 완화를 위해 호스피스 케어를 선택했다. 그렇게 그와 나는 처음 만났다.

처음 그의 상태를 체크했을 땐 이미 간 전이가 심했고, 복강 내 암이 여러 군데 관찰되었다. 무엇보다 시급한 것은 통증을 완화하는 것이었다. 나는 그를 편하게 해주려고 통증을 포함한 여러 증상을 적극적으로 조절하기 시작했다. 며칠이 지나자 그는 잠을 잘 잘 수 있게 되었고 자연스럽게 마음의 안정도 찾았다.

"좀 어떠니? 얼굴빛이 좋아 보이는데?"

"많이 좋아졌어요. 잠을 편하게 자니까 역시 좋은데요?"

"그래? 그거 반가운 소식인데! 우울하거나 하지는 않고?"

"우울하죠. 그냥 생각하면 다 억울하고 우울하고 그래요. 그런데 그걸 다 내색하면 부모님께서 계속 신경 쓰시고 더 걱정하시잖아요. 지금도 저 때문에 힘드신데······."

스물두 살, 아직은 부모님께 투정도 부리고 반항도 한 번 해볼 어린 나이에 내일을 알 수 없는 병마와 싸우고 있었다. 그러나 무엇이든 의지할 수밖에 없는 약해질 대로 약해진 그에게서 그런 철부지의 모습은 찾을 수 없었다. 진심으로 부모님을 걱정하고 있었다. 그의 눈빛과 차분한 말투에서 그 마음을 충분히 느낄 수 있었다.

"우울한 생각이란 놈은 한 번 하게 되면 꼬리에 꼬리를 무는 끈질긴 성질이 있어. 그러니까 좋은 일만 생각하도록 노력해봐. 살아오면서 가장 행복했던 일이나 보람을 느꼈던 순간들 말이야. 그리고 다음 회진 때 나한테 얘기해 줄래?"

"네, 그럴게요."

모든 말기 환자가 그렇듯 시한부 인생을 사는 사람들은 의식이 없는 경우를 제외하고는 우울증을 갖고 있기 마련이다. 이놈의 우울증은 치료에 전혀 도움이 되지 않는다. 치료를 계속해서 받으려면 무엇보다 의지가 중요한데, 우울증은 환자들의 의지를 꺾을 뿐만 아니라 몸 상태를 더욱 나쁘게 만들 수 있어 암만큼 무섭고 위험하다.

나는 진심으로 그가 우울한 생각에서 벗어나 행복한 기억을 찾을 수 있기를 기도했다. 당장 그의 병을 낫게 하는 것은 아닐지라도 마음을 더욱 강하게 하고, 치료에도 도움을 줄 수 있다는 확신이 있었다. 다음날 회진이 끝난 후 그의 병실을 찾았다. 다행히 밝은 얼굴로 행복했던 순간을 이야기하는 그를 볼 수 있었다.

"대학교 1학년 첫 중간고사였어요. 입학하고 첫 시험이라 긴장도 되고 그래서 도서관에서 공부하고 있었는데, 어떤 아주머니가 도서관에 들어오더니 너무나 절박한 목소리로 소리를 지르는 거에요. A형 혈액형을 급히 구한다고요."

통증 탓인지 창으로 들어오는 햇살에 눈부신 탓인지 그는 잠시 미간을 찌푸렸지만 이내 다시 말을 이어갔다.

"붉게 상기된 얼굴로 이 사람 저 사람을 붙들고 얘기하는데, 미친 사람 같았거든요. 그런데 얼마나 다급하면 그랬겠어요? 저도 모르게 그 아주머니를 따라갔죠. 교수님도 아시지만 우리 학교가 병원 바로 옆에 있잖아요. 그날 태어나서 처음으로 헌혈을 했어요. 제가 몸에 바늘 꽂는 걸 정말 싫어하거든요. 뭐, 지금이야 어쩔 수 없이 매일 맞지만요."

그는 잠시 웃어 보였다.

"두 눈 질끈 감았죠. 계속 속으로 '괜찮아, 금방 끝날 거야.' 중얼거렸어요. 아마 누가 보면 강제로 끌려온 줄 알았을 거예요. 게다가 보통 알고 있던 헌혈이 아니라 혈소판 성분 헌혈이라나? 뭐 그런 건 시간이 좀 더 걸린다고 하더니 두 시간이나 걸리더라고요. 사실 시험기간이라 신경이 많이 쓰였거든요. 그래도 시험 점수가 잘 나와 다행이었죠. 착한 일 했다고 하늘에서 상을 주셨나 봐요……."

그는 꽤 알아주는 명문대에 다니고 있었다. 어려서부터 공부밖에 모르는 학생이었다는 이야기도 부모에게 전해 들은 터였다. 막상 좋은 생각으로 따라갔어도 헌혈하는 시간 내내 안절부절못했을 그의 모습을 떠올리니 나도 모르게 웃음이 나왔다.

"며칠 후 아주머니가 학교로 찾아오셨어요. 어떤 꼬마도 같이 왔는데 그 꼬마가 바로 제 헌혈로 다시 살아난 아이라는 거예요. 얼굴에 생기가 돌고 눈망울도 초롱초롱한 게 아파 보이지 않았거든요. 알고 보니 여섯 살 때부터 재생불량성 빈혈로 고생을 많이 했대요. 전 엄살이 심해서 어렸을 때 감기만 걸려도 징징대고 그랬는데, 그 꼬마가 매일 병원을 들락거렸을 생각을 하니 너무 안쓰럽더라고요. 그런데 아주머니께서 고맙다는 말씀을 계속하시면서 돈 봉투를 주려고 하시는 거예요. 뭐, 순간 받을까도 생각했었지만 그건 아니잖아요. 꼭 내 피를 돈 받고 파는 것 같아서요. 정중히 거절하고 꼬마에게 나중에 우리 학교에 입학해서 학교 후배가 되라고 했죠. 조금은 멋져 보였겠죠?"

그는 쑥스럽게 웃었다. 수염도 거뭇하고, 키도 큰 청년임에도 마치 소년 같다는 느낌이 들었다. 병마와 싸우느라 안타까울 정도로 홀쭉해져 있었고, 얼굴빛도 좋지 못했지만 내 눈에 그는 정말로 누구보다 멋져 보였다.

"그날 이후 제 삶이 참 많이 바뀌었어요. 누군가를 돕는게 이렇게 기분 좋은 건 줄 몰랐거든요. '앞으로도 이렇게 살고 싶다.' 뭐 그런 생각이 들더라고요. 하하하. 다시 생각해봐도 그때 헌혈하러 간 건 정말 잘한 일 같아요."

그는 장난스러운 표정으로 자기 머리를 토닥토닥 쓰다듬어 주었다.

"정말 뿌듯했겠는데?"

"뭐랄까? 태어나서 처음 느껴보는 기분이었어요. 말로 다 설명할 수 없는 그런 기분이요."

"그래, 행복은 오히려 다른 사람과 나누었을 때 받게 되는 선물 같지? 가끔 그걸 잊어서 문제지만 말이야."

"와, 그거 멋진 표현인데요? 나누었을 때 받는 선물이라."

말기 암환자의 얼굴에서 행복을 찾는다는 건 어려운 일이었지만, 이 순간만큼은 모든 아픔에서 벗어난 것처럼 그는 진심으로 행복해 보였다.

"어쨌든 정말 대단해! 한 아이의 생명을 살린 거잖아. 몇 배는 더 멋져 보이는걸?"

우리가 함께 이야기를 나누는 내내 그는 다가오는 죽음과 싸우고 있는 환자가 아니라 밝고 무한한 미래를 꿈꾸는 청년으로 돌아가 있었다.

'그에게 내일을 꿈 꿀 기회가 다시 생긴다면 얼마나 좋을까?'

그러나 좋아지는 듯 보였던 그의 몸은 다시 급속도로 나빠지기 시작했다. 째깍째깍 소리를 내며 제 갈 길을 가는 시곗바늘 소리가 너무나 크게 들렸다. 안타까운 하루하루가 흘러가고 있었다. 어느 날, 그가 면담을 요청했다.

"부끄러운 얘기지만 아무리 생각해 봐도 저는 지난번 말씀드렸던 헌혈 말고는 착한 일을 해본 적이 없는 것 같아요."

진심으로 후회하고 있는 것 같았다. 지금이라도 좋은 일을 하고 싶어하는 그의 마음이 느껴졌다. 암과의 싸움만으로도 지치고 힘들 텐데 그런 마음을 가질 수 있다는 것이 대단해 보였다.

"곰곰이 생각해 봤는데요, 제가 마지막으로 할 수 있는 일이 있는 것 같아요. 어제 부모님께도 말씀드렸어요."

"그게 뭔데?"

"안구기증이요. 다른 장기도 생각해 봤는데, 암환자는 줄 수 있는 장기가 없대요. 암세포가 여기저기 퍼져 있어서요. 유일하게 기증할 수 있는 게 안구래요. 그래도 다행이죠? 아무것도 남길 수 없으면 어쩌나 했는데. 이젠 마음이 좀 편해요. 얼마 후면 저는 세상에 없지만, 누군가는 제 눈을 통해 세상을 보게 되는 거잖아요."

바로 앞에 닥친 죽음은 개의치 않는 것 같았다. 적어도 겉으로 보기에는 그랬다. 자신은 곧 이 세상과 이별하게 될 텐데 다른 사람에게 무언가 남기고 떠날 수 있음에 진심으로 행복해하고 있었다.

나는 그 모습이 더 안타까웠다. 그저 담담하게 본인의 사후 안구기증에 대해 이야기하는 마음이 어찌 행복하기만 할까. 젊은 나이에 죽음을 준비하는 그의 마음은 다른 이에게 들키지 않았을 뿐, 하루에도 몇 번씩 천국과 지옥을 오갔을 것이다. 비록 나이는 어려도 그가 진심으로 존경스러웠다.

"부모님께서도 동의하셨니?"

"네, 찬성하셨어요. 마음 아파하실 것 같아 솔직히 망설였지만, 그래도 제 진심을 알아주실 줄 알았어요. 힘든 결정이셨겠지만요."

부모의 마음을 한 번 더 아프게 했다는 생각에서였을까? 말하는 그의 눈빛은 잠시 흔들리는 것처럼 보였다. 부모에게도 그에게도 힘든 선택이었을 테다.

"누가 될지는 모르지만 너의 눈을 통해 다시 세상을 보게 되는 사람은 정말 행복할 거야. 그리고 보니 넌 또 한 명의 생명을 구하는 거네? 부모님께서도 아들을 진심으로 자랑스러워하실 거야."

그는 다행이라는 듯 웃음을 지어 보였다. 지칠 대로 지친 말기 암 환자긴 하지만, 가슴만큼은 힘차게 뛰고 있는 것 같았다.

짧은 대화 후 그의 부모님을 만났다. 벌써 안구기증에 대해 동의했다지만 의사로서 다시 한 번 의견을 확인하는 절차가 필요했다. 그러면서 그에 대해 좀 더 자세한 이야기를 들을 수 있었다.

삼대 독자로 태어난 그는 항상 집안의 사랑을 독차지했고 모든 것이 자기중심으로 돌아가는 일상에 익숙했다. 그러다 보니 공부는 열심히 했지만, 항상 자기가 먼저였고 친구가 없었다. 부모는 아들이 방황이라도 하지 않을까 걱정됐지만, 다행히도 별다른 문제없이 열심히 공부해 좋은 대학에 들어갔다. 그러나 항상 혼자인 아들의 모습이 보기 좋을 리 없었고, 그런 아들이 지금은 말기 암 선고까지 받았다.

처음에 아들은 살고자 하는 의지가 누구보다 강했다고 한다. 그러나 모든 것을 걸고 악착같이 받은 항암치료가 별 소용이 없음을 알고 자기 인생을 정리하기 시작했다고. 그러는 동안 부모는 몰랐던 아들의 꿈을 알게 되었다.

'좋은 일을 하는 것'

그동안 이기적인 삶을 살았지만 한 번의 우연한 기회로 하게 된 헌혈은 그의 인생관까지 바꿔버렸다. 부모는 면담 내내 자신들이 걱정한 것과는 달리 아들이 바르게 커 준 것에 대해 감사하는 마음이 드는 것과 동시에 자랑스러운 아들과의 이별이 멀지 않았다는 현실에 오랫동안 눈물을 흘렸다.

일주일 후 그는 머나먼 길을 떠났고, 부모는 아들을 가슴에 묻어야만 했다. 그가 남기고 간 안구는 누군가의 간절한 희망이 되어 다른 곳으로 이송되었다. 그의 마음과 함께……. 그가 세상에 남기고 간 빛은 더 오랜 시간 한 사람의 삶을 환하게 비춰줄 것이다.

마지막 순간까지 다른 사람을 위해 해 줄 수 있는 것이 남아 있음에 행복해했던 그의 모습은 나까지 변화시켰다. 나눠주는 기쁨에 전

우린 많은 이야기를 나누었다.
그 순간만큼은 다가오는 죽음과 싸우고 있는 환자가 아니라
밝고 무한한 미래를 꿈꾸는 청년으로 돌아가 있었다.

염뒀다고 할까? 지금껏 미뤄왔던 사후 장기기증과 백혈병 환자를 위한 골수이식을 신청했다. 아직 기회는 없었지만 언젠가는 나 때문에 또 누군가 나누는 기쁨이 주는 힘을 체험하게 될 거라고 믿는다. 내가 그랬듯이 말이다.

세상 누구보다 큰 행복의 의미를 알았던 그의 말이 아직도 귓가에 생생하다.

"이젠 좀 마음이 편해요. 얼마 후면 저는 세상에 없지만, 누군가는 제 눈을 통해 세상을 보게 되는 거잖아요. 그것만으로도 전 행복할 수 있을 것 같아요."

완벽한 형태를 갖추고 사는 사람은 아무도 없는 것 같아요.
나는 잃어버린 내 노래의 한 조각을 찾고 싶었습니다.

― 김장훈

아홉 번째
최선을 다했기에
후회하지 않았습니다

나는 환자나 가족들과의 의사소통 창구로 〈염창환의 아름다운 세상〉이란 인터넷 모임을 5년째 운영하고 있다. 남 앞에 나서기를 싫어하는 나로서는 쉬운 일이 아니었다. 게다가 게시판에 올라온 글이나 내가 올린 글이 자칫 환자들에게 오해를 사게 되면 큰 문제가 되어 의사라는 직업에 치명적일 수도 있다. 이런 이유로 여러 차례 그만둘까 망설이다가도, 아직은 이곳을 통해 도움받는 환자와 가족들이 많다는 걸 알기 때문에 쉽게 문을 닫지 못하고 계속 운영하고 있다. 혹시 언제 무슨 일이 생길지 알 수 없는 일이지만 지금 이 순간도 갈 곳을 잃고 방황하는 환자들이 이곳을 찾아 위로를 받고, 작은 지혜라도 나눌 수 있다면 그걸로 족한다. 별것 아닌 것 같은 글에도 감사하다는 인사들이 수없이 올라올 때면 쑥스럽고 부끄럽기도 하지만,

의사로서 자부심을 느끼고 책임감에 대해 다시 생각하는 계기가 되어 오히려 고마운 마음이 든다.

며칠 전 게시판을 검색하다 암 환우를 위한 사회 봉사단체 '암시민연대'를 통해 알게 된 '아하'에 대한 글을 발견했다. 그에 대한 그리움을 담아 내가 썼던 짧은 글이다.

그가 우리 곁을 떠난 지 일주일이 지나가고 있습니다.
케니 지의 〈석별의 정〉이란 음악이 흐르고 있네요.
저는 영국에 있어 그의 마지막 모습을 보지 못했습니다. 마지막에 환자가 저를 무척 찾았다는 동생의 말은 지금도 제 가슴을 먹먹하게 만듭니다. 처음 암시민연대와 인연을 맺을 때부터 함께 했던 친구였고, 고통 속에서도 항상 밝은 표정으로 세상을 안았던 젊은이였습니다.
이제 그는 이 세상 사람이 아니지만, 그가 이루었던 암시민연대에 대한 사랑과 정열은 영원할 겁니다. 오늘따라 그가 생각납니다. 하늘나라에서는 고통이 없었으면 합니다. 그리고 그가 이루고 싶었던 세상을 우리가 이뤄가는 모습을 하늘에서도 지켜봐 주었으면 합니다.

아하는 키가 크고 다소 마른 체구에 마음씨가 착하며 눈이 맑은 청년이었다. 그를 처음 만난 것은 '암시민연대'의 강의실에서였다. 어느 날 강의가 끝나고 아하와 차를 마실 기회가 있어서 닉네임이 왜 '아하'인지 물어본 적이 있다. 그런데 기대와는 달리 그냥 "아하, 그렇구나." 할 때의 '아하'라는 싱거운 대답이 나왔다. 그리고는 자기도 물어볼 것이 있다며 그간 묵혀 놓았던 여러 가지 불만들을 거침없이 쏟아내기 시작했다.

"왜 병원에서는 환자의 병에 대해 의사가 판단하고 결정까지 하나요? 판단은 의사가 하더라도 결정은 환자가 하도록 해야 하는 것 아닌가요? 병에 걸린 건 의사가 아니라 환자잖아요? 어떤 의사들은 말 안 들으려면 병원에 오지도 말라고 해요. 이게 말이나 됩니까? 병원 밖으로 나가면 더 심해요. 환자를 무슨 봉으로 생각한다니까요. 그렇지 않아도 지푸라기라도 잡고 싶은 환자나 보호자들한테 무슨 기적의 약품이라도 되는 것처럼 말도 안 되는 제품들을 소개하고, 고가에 물건을 팔아 피해를 본 사람이 얼마나 많은지 몰라요. 이거야말로 환자와 가족들을 두 번 죽이는 게 아니고 뭐겠어요?"

물어볼 것이 있다며 이야기를 시작했지만 그것은 질문이라기보다 암환자로서 느꼈던 부당함과 답답함에 대해 내가 동의해주길 바라는 것 같았다.

전에 보지 못한 나약한 모습이었다.
많이 지친 듯 보였다. 그 모습에 마음이 아려왔지만
나까지 약해질 수는 없었다.

"제가 지금은 이렇게 말해도 처음 암 진단받고 얼마나 걱정했는지 몰라요. 어찌해야 할 바를 몰라 그야말로 안절부절못했죠. 그러다 암시민연대를 알게 됐어요. 환자가 주인 되는 세상을 꿈꾸며……. 정말 제 생각과 똑같았어요. 우리도 사람인데 항암치료 말고 다른 치료도 받을 수 있잖아요. 알고 보니 좋은 치료들이 많더라고요. 그런데 이런 걸 의사들은 탐탁지 않아 하고, 상처를 주죠. 제가 암시민연대 활동을 하는 이유는 모여서 서로 정보도 교환하고 친목 도모도 하면서 암환자가 처해 있는 부당한 환경을 바꿔나가고 싶어서예요."

그의 말을 보면 다 맞는 말이다. 병원에서는 환자가 주인이고, 환자의 권리를 존중한다고 말한다. 그렇지만 실제 의료 현장은 그런 말들과는 거리가 멀다. 아하의 말대로 대체의학 자체를 인정하지 않는다. 특히 우리나라가 외국보다 더 심하다. 정말로 환자들에게 항암 치료를 받지 않을 바에는 오지 말라는 소리도 공공연히 한다. 그의 이야기는 나에게 의사와 환자의 관계, 그리고 환자가 제대로 된 치료를 받을 권리에 대해 많은 생각을 하게 했다.

암환자는 암 진단을 받는 순간부터 죽음을 생각해야 한다. 물론 수술만 할 수 있다면 완치도 가능하지만, 수술이 불가능해지면 완치 확률은 매우 낮아진다. 설사 완치되었다 해도 재발에 대한 두려움

때문에 사회생활이 어렵다. 아하는 이런 암환자들이 원하는 치료를 받을 수 있는 권리를 주장하고, 몸도 마음도 약해진 사람들을 현혹해 부당이득을 취하는 집단들로부터 암환자를 보호할 수 있는 모임을 만들고 싶어했다. 암시민연대는 이렇게 시작됐다. 실무진들은 암환자 또는 보호자들로 구성했고, 아하도 그 중 한 사람이었다.

아하는 처음 위암 진단 당시 3기 판정을 받았다. 위 절제 수술을 받고 항암제 치료를 한두 차례 받았으나 너무 힘이 들어 포기했다고 한다. 그 후 자신이 암과 식이요법에 대해 공부하며, 암 재발을 막기 위해 노력하고 몸을 다스렸다. 그러면서도 다른 암환자를 위한 시민운동도 열심히 했다. 암환자 교육, 암 캠프, 환자들 커뮤니티 모임 활성화 등을 위한 다양한 행사에서 그는 건강한 사람 이상으로 열성적이었다. 모두 그를 걱정했지만, 그가 없으면 안 되는 일들이 많았기 때문에 일이 줄기는커녕 날로 늘어만 갔다. 그런데도 아하는 귀찮아하거나 싫은 내색 없이 항상 묵묵히 일했고, 암시민연대에서 없어서는 안 될 중요한 존재가 되었다.

그러던 어느 날, 아하가 골반이 아프다고 찾아왔다. 웬만큼 아픈 걸 가지고는 병원을 찾지 않는 그였기에 내심 불안했다. 진찰과 함께 혈액 검사와 영상 의학적 검사를 진행했다. 일주일 후 외래에서 결과지를 갖고 그를 다시 만나기로 했으나, 나는 결과에 대한 걱정으로 마음이 조급했다. 급한 마음에 결과가 나오는 대로 하나씩 챙겨 확인했다. 컴퓨터의 마우스를 클릭할 때마다 결과 페이지로 넘어가는 시간이 너무나 길게 느껴졌다. 심장은 합격·불합격 통지를 확인하는 학생처럼 떨고 있었고, 결과를 확인할 때마다 가슴이 한 치는 내려앉고 있었다. 설마 했던 일이 현실로 다가온 것이다. 며칠 후면 아하를 만나야 하는데 앞이 캄캄했다. 의사로서의 내가 무기력하게 느껴지는 순간이었다.

아하는 나를 보자마자 표정이 어두워졌다. 내가 표정 관리에 실패한 것이다.

"재발했군요."

무엇보다 지금은 그가 처한 상황에 대해 자세히 설명하고 앞으로의 대응방안을 함께 이야기하는 것이 최선이었다. 그러나 나는 아하에게 혈액검사와 영상 의학적 사진 결과들을 보여주고 설명하면서도 혹시 충격을 받는 것은 아닌지 불안했다. 그러나 역시 아하는 정신력이 강한 친구였다. 잠시 생각에 잠기더니 다시 환해진 얼굴로 말했다.

"뭐, 예상했던 일인데요. 우선 제가 대체 의학으로 한 번 치료해 볼게요. 걱정하지 마세요. 저 아하예요! 절대 이대로는 안 죽습니다. 그동안 공부했던 것들을 써먹을 시기가 온 것 같은데요?"

항암치료를 권했지만 그는 거절했다. 나는 그의 결정을 존중했다. 대신 통증을 조절해야 하니 가끔 외래에 와서 진통제 처방은 받으라고 이야기해주었고, 아하는 규칙적으로 병원에 들렀다. 그때마다 자신이 잘 지내고 있음을 알려주었고, 대체의학이 효과가 있는 것 같다고 좋아했다. 물론 투병 생활 중에도 봉사 활동을 게을리하지 않았다.

6개월 후, 아하가 가족들과 함께 병원을 찾았다. 얼굴이 몹시 안좋아 보였다. 전혀 먹지 못한 상태에서 탈수가 심하게 일어난 상태였다. 나는 즉시 그를 입원시켰다. 우선 기력을 회복시키기 위해 영양제부터 공급하고 통증 조절을 위해 강력한 마약성 진통제를 사용했다. 몇 시간 후, 내가 병실을 찾아갔을 때 아하는 혼자 침대 위에 누워 있었다.

"선생님, 저 이제는 힘들 것 같아요."

전에 보지 못한 나약한 모습이었다. 많이 지친 듯 보였다. 그 모습에 마음이 아려왔지만 나까지 약해질 수는 없었다.

"자네답지 않게 왜 그래. 아직 끝난 게 아니라고!"

나를 안심시켜 주고 싶었던 걸까? 그가 희미하게 웃어 보였다.

"그래도 선생님께서 곁에 계시니 든든해요. 항상 좋은 말씀 많이 해주시고……. 좀 쉬라고 잔소리 하실 땐 도망도 다녔지만요."

"아하처럼 말 안 듣는 환자는 처음이었지. 그래도 열심히 하는 모습은 정말 보기 좋았어."

"저도 다 그만두고 싶을 때도 있었어요. 암시민연대가 신경 쓸 일이 한둘이 아니었잖아요. 그래도 제 모든 걸 바쳐 일했기 때문에 후회는 없어요. 제가 살아온 날 중에 가장 행복했던 순간이었어요."

"정말 열심히 했지. 많은 환자에게 얼마나 큰 힘이 됐는데. 그러니까 빨리 털고 일어나서 우리 또 같이 해야지. 아하가 이러고 있으니까 암시민연대가 힘이 없어지잖아."

"에이, 선생님은 무슨, 저 하나 빠졌다고……."

"정말이라니까? 다른 사람들한테 전화 한 번 해 볼까?"

내가 정말 핸드폰을 꺼내 들 기세이자 "알았어요, 알았어요, 믿을게요."하며 웃던 아하는 다시 말을 이어갔다.

"암환자들 참 불쌍해요. 암이 완치돼도 다시 재발할까봐 항상 불안해하잖아요. 제가 죽은 후에라도 암환자들이 꿈꾸는 세상이 꼭 왔으면 좋겠어요."

"꼭 그렇게 될 거야. 반드시! 그 순간 아하도 함께 해야지."

나는 아하가 꼭 일어날 거라는 희망의 끈을 놓을 수 없었다. 그런데 그는 아닌 모양이었다. 나의 말에도 좀처럼 기운을 내지 못했다.

아하가 치료를 포기한 후, 그의 몸속에 있는 암세포들은 정말 무

섭도록 자라버려 더는 손쓸 수 없는 상태가 되고 말았다. 그럴수록 그는 여유를 가지려고 노력했고, 다른 암환자들을 위한 생각들도 꼼꼼히 정리하며 가족과 많은 시간을 함께했다. 그래서인지 표정은 밝았고 담담히 현실을 받아들이고 있다는 걸 알 수 있었다.

시간이 지나자 마약성 진통제를 투여한 탓인지 아하의 행동은 하루하루 느려졌고, 가끔은 눈동자가 초점을 잃었다. 그럴 때마다 나는 그의 손을 꼭 쥐고 내가 그를 얼마만큼 좋아하는지, 예전의 모습으로 돌아오길 얼마나 간절히 기도하고 있는지 말해주었다.

그런데 갑자기 학회 참석을 위해 영국으로 가야 할 일이 생겼다. 솔직히 가고 싶지 않았다. 내가 없는 동안 아하가 잘못되는 건 아닌지 불안했고, 그를 위해 마지막으로 할 수 있는 건 그의 곁에 있어주는 것이라 생각했기 때문이다. 그러나 이제 내가 할 수 있는 일은 돌아올 때까지 제발 버텨달라고 간절히 기도하는 것 뿐이었다.

그러나 아하는 나를 기다리지 못했다. 귀국을 이틀 앞두고, 먼 타국에서 그가 떠났다는 소식을 들었다.

내가 살갑지 못해 그렇지 아하는 나에게 친동생이나 마찬가지였고, 그도 문제가 있으면 나를 찾아 상의했다. 우리는 생각도 비슷했고 실제로도 잘 통했다. 나보다 한참 어렸지만 배울 게 많은 동생이었다. 그런데 이젠 불러도, 전화해도 아하의 목소리를 들을 수 없다는 사실이 믿기질 않았다. 가끔 전화 연결이 되지 않으면 짜증이 났던 적도 종종 있었는데, 이제는 그의 목소리를 들을 수만 있다면 몇백 번이라도 수화기를 들 수 있을 것 같았다.

며칠이 지나고 그의 동생이 진단서를 끊기 위해 병원에 방문했다. 아하가 나를 무척 의지했고, 죽는 순간까지 기다렸다고 했다. 마음이 아팠다. 정말 미안했다.

아픈 건 의사가 아니라 환자라고, 그렇기에 환자는 치료 방법을 선택할 권리가 있다고 말했던 것처럼 그는 삶을 선택했다. 주변 사람들이 이제는 봉사활동을 멈추어야 한다고 말했지만 포기하지 않겠다고 말했던 것처럼, 끝까지 세상을 바꾸고 싶다는 의지를 버리지 않았다. 그는 비록 이 세상에 없지만, 나는 아직도 그의 말이 귓가에 들리는 것 같다.

"저는 암과의 전쟁에서 전사한 것이지, 이 싸움에서 진 것은 아닙니다."

사랑은 오직 사랑을 선물할 뿐이다.
그리고 사랑만이 그 대가로 받을 수 있는 유일한 것이다.

— 발타자르 그라시안

열 번째

사랑하는 만큼
살고 싶었습니다

가끔 궁금할 때가 있다.

내가 만약 죽음을 앞두고 있다면 마지막 순간에 누굴 생각하게 될까? 사랑하는 사람, 고마운 사람, 아니면 나를 몹시도 괴롭혔던 사람일까? 아직 죽음을 앞둔 적이 없어 이에 대한 답을 말하기가 쉽지는 않다.

그러나 아마도 사랑하는 사람, 또는 사랑했던 사람이 떠오르지 않을까? 그런 사람이 내 곁에 있다면, 더구나 생의 마지막 순간에 그 사람이 곁에서 지켜준다면 죽음 앞에서도 행복하다 말할 수 있을지도 모르겠다.

2008년 2월, 4개월 전 떠난 여자 환자의 남편에게서 메일이 왔다.

교수님께

설 연휴는 잘 보내셨는지요. 늦게나마 새해 인사드립니다.

아내가 하느님께 간 지도 4개월이 넘었네요. 좋지 않은 상황에 교수님이 계신 병원에 입원을 하고, 임종까지 하게 되어 마음에 짐을 드린 건 아닌지 염려도 듭니다.

온 힘을 다해 제 아내를 위해 애써 주셨는데 아내의 상태가 좋은 상황에서 교수님을 뵐 수 있었더라면 얼마나 좋았을까 하는 아쉬움도 남습니다.

저는 제 아내만 간호하면 되지만, 여러 환우를 진료해야 하시는 교수님의 마음은 아무리 단련이 되어도 힘드실 거라 생각됩니다. 그래도 환우들과 가족들에겐 교수님 같은 분이 꼭 필요한 거 아시죠?

제가 맛있는 저녁이라도 대접해야 하는데, 죄송한 마음 금할 길이 없습니다. 올라갈 일이 생기면 연락드리겠습니다. 저녁이나 한 번 대접할 기회를 꼭 주십시오.

건강하시고, 하시는 일 모두 잘 되시길 간절히 기도드립니다.

항상 감사합니다.

다시 메일을 읽으면서 너무나 애틋했던 부부에 대한 기억이 되살아났다. 벌써 햇수로 3년이나 지난 이야기다.

부부를 처음 만난 건 암환자를 위한 작은 모임의 강좌에서였다. 나는 그곳에서 암 투병 중 환자와 가족들에게 도움이 되는 것들에 대해 강의를 했다. 좁은 강의실에는 스무명 정도의 환자와 가족들이 빼곡하게 앉아 있었다.

어느 날, 그 중 유난히 눈에 띄는 젊은 부부가 있었다. 키가 큰 남편은 많이 지쳐 보이는 아내의 등을 쓸어내리며 강의에 집중하고 있었고, 여자 환자는 항암치료 때문인지 핏기 하나 없는 얼굴로 절망적이고 기대할 것도 없다는 표정을 하고 있었다. 그들은 경남 마산에서 서울까지 이 강좌를 듣기 위해 올라왔다고 했다.

정말 기운이 하나도 없어서 훅 불면 날아갈 듯 파리해 보였던 여자는 강의가 끝난 후 얼굴이 조금씩 밝아졌다. 같은 암 환우와의 대화를 통해 다른 환우들도 곧잘 견뎌내고 있다는 것을 확인한 덕분이다. 그녀와 남편은 상담을 요청했다.

"교수님, 저 같은 환자도 살 수 있을까요?"

물끄러미 바라보는 그녀의 눈빛에서는 암환자에게서 볼 수 있는 죽음에 대한 두려움을 읽을 수 있었다. 내가 뭐라 대답하기도 전에 남편은 확신에 가득 찬 눈빛으로 아내를 바라보며 단호히 말했다.

"무슨 그런 나약한 소리를 해. 우리 아기랑 같이 했던 약속 잊었어? 살 수 있어! 내가 고쳐준다고 했잖아. 나 믿지?"

그녀는 남편의 앞뒤 없는 자신감이 싫지 않은 듯 살며시 웃으며 고개를 끄덕였다. 저들은 매 순간 저렇게 약해지는 서로를 보듬고, 희망이 되어주며 힘든 투병생활을 이어왔을 것이다.

"그럼요, 포기하지 않는다면 더 좋은 결과가 분명히 있을 거예요."

"감사합니다, 교수님. 저 열심히 치료받을게요. 사실 제가 듣고 싶지 않은 얘기가 나오면 어쩌나 겁도 났었는데 이제 힘이 나네요."

열심히 치료받길 권하며 내 메일 주소를 알려줬다. 궁금한 것이 있으면 주저 말고 연락하라는 당부와 함께. 비록 남편에게 의지해 걸어야 할 정도로 몸은 약해져 있었으나, 그녀는 생글생글 웃으며 농담을 할 정도로 생기가 도는 얼굴로 병원을 나섰다. 천성적으로 밝은 성격인 것 같았다.

그녀의 병명은 위암 말기. 6개월의 시한부 인생을 선고받은 것은 안타깝게도 아기를 출산한 직후였다.

그녀는 학원에서 영어를 가르치는 선생님, 남편은 학생으로 만나 3년의 연애 끝에 결혼에 골인했다. 임신을 한 건 결혼 2년째에 접어들면서다. 모두 축하해주었다. 특히 남편의 기쁨은 누구보다 컸고, 그녀 또한 간절히 원하던 임신이 기뻤다. 그런데 임신 기간 내내 입덧이 심했다. 주변에서는 그녀를 유별난 임산부라고 했다. 죽을 만큼 힘들었지만 오직 아기를 만나는 날만을 손꼽아 기다리며 버텼다. 모든 것이 괜찮아질 거라 생각했다. 정말 그럴 줄 알았다.

멀게만 느껴지던 출산일이 다가왔고, 건강하고 예쁜 딸을 가슴에 안았다. 그런데 이상했다. 멈출 줄 알았던 고통은 사라지질 않았다. 아기만 낳으면 괜찮아진다고 했는데……. 기대는 이내 두려움으로 변했고 그것은 현실이 되어버렸다. 그렇게 그녀와 남편의 힘겨운 투병생활이 시작되었다.

아직 엄마 젖 한 번 제대로 물어보지 못했을 아기를 생각해서라도 그녀를 살리고 싶은 생각이 간절했다. 그러나 이미 그녀의 상태는 현대의학으로 살리기에는 무리였다. 기적을 바랄 뿐이었다. 그녀에게 있는 그대로 말할 수는 없었다. 물론 환자가 몸 상태를 정확히 아는 것은 하나의 권리다. 게다가 남은 삶이 그리 길지 않다면 삶을 정리할 수 있는 시간을 주는 건 매우 중요하다. 하지만 절망은 한 번으로 충분하다. 다시 한 번 좌절한다면 그녀의 생명을 앗아가는 것은 암이 아니라 바로 절망이었을 테다.

그녀에게 심어준 작은 희망의 씨앗은 남은 시간을 가족들과 편안하게 지내게 하기 위함이자, 한편으로는 기적을 바라는 마음에서였다. 그녀는 매우 밝고 씩씩했으며 남편은 늘 유쾌해보였다. 처음부터 그들에게 시련은 없었으며 정말 곧 기적처럼 모든 것이 괜찮아질

것만 같았다.

고향에 내려간 후 남편으로부터 메일이 자주 왔다. 나는 메일을 꼼꼼히 읽으며 차근차근 답변해주었다. 어느 순간부터 그녀의 상태가 빠르게 나빠지고 있음을 직감할 수 있었다.

6개월 후, 항암치료를 포기했다는 메일을 받았다. 한방치료를 받기 위해 지방의 한방병원으로 옮겼다고 했다. 그러나 얼마 지나지 않아 환자가 각혈을 심하게 해 쇼크 상태로 대전에 있는 대학병원에 입원했다는 연락이 왔다. 걱정스러운 마음에 무작정 대전으로 향했다.

병실에는 그녀와 어머니만 있고 그림자처럼 늘 함께하던 남편은 보이지 않았다. 그들은 놀란 얼굴로 나를 반겼다.

"많이 힘드시죠?"

"뭘요, 괜찮아요. 남편이 참 잘해주거든요."

"정말 대단한 남편을 두셨어요. 그런데 어디 가셨나 보죠?"

"제가 뭐 좀 부탁을 해서요, 근처에 물건 사러 갔어요."

"남편분께 메일을 받고 걱정 많이 했습니다. 그래도 얼굴을 보니 안심이 되네요."

"사실 남편이랑 우리 아기가 없었으면 전 벌써 갔을지도 몰라요. 얼른 나아서 남편에게 꼭 보답하고 싶어요. 좋은 엄마도 되고 싶고요."

그녀에겐 남은 시간이 별로 없었다. 나도 그녀도 알고 있었다. 다만 이 순간 작은 희망이라도 가슴에 품지 않으면 그녀는 버틸 힘을 낼 수 없었다.

잠시 후 남편이 왔다. 그 역시 나를 반갑게 맞아주었다. 우리는 병원 근처 식당으로 자리를 옮겨 그동안의 이야기를 나눴다. 지금도 안 좋은 상태지만 그래도 한고비는 넘긴 것이라 했다.

그녀의 위출혈은 잠시 멈추었지만, 암의 진행은 빨라졌다. 내가 서울로 올라온 후 급격히 복수가 차오르기 시작했고, 대변도 나오지 않았다. 게다가 자주 토하는 증세까지 보였다. 위는 어느새 암 덩어리로 가득 찼고, 걷잡을 수 없는 통증은 그녀를 점점 사지로 몰아넣고 있었다.

어느 날, 남편으로부터 전화가 왔다. 지금 있는 병원에서 더는 해줄 것이 없으니 호스피스 병원으로 옮길 것을 권유받았다고 했다. 나는 바로 우리 병원으로 오라고 했다.

병원에 도착했을 때 그녀의 상태는 더 나빠져 있었다. 두 달 전에 보았을 때와는 달랐다. 힘든 투병 중에도 웃음을 잃지 않았던 그녀의 밝은 미소와 여유는 어느 곳에서도 찾을 수 없었다. 숨소리는 임산부처럼 부풀어 오른 복수 때문에 매우 거칠고 가빴다. 먼저 복수천자를 했다. 3L 정도 뽑고 나니 호흡음은 좋아졌다. 그러나 이미 다른 혈액검사 소견이 안 좋아서 이젠 정말 시간이 얼마 남지 않았음을 통보해야만 했다. 그날 저녁 남편과 그녀의 어머니에게 다른 가족들을 모두 부르고 마지막을 준비할 수 있도록 했다.

"미안해. 당신한테도 미안하고, 우리 아기한테도 미안하고……. 아기는 내 얼굴 기억 못하겠지? 내 사진이라도 많이 보여줄래? 아플 때 사진 말고 제일 예쁜 걸로. 당신도 지금 내 모습은 기억하지 마. 알았지? 우리 처음 만났을 때 모습, 그때 그 모습으로 기억해 줘야 해."

그날 밤, 그녀와 남편은 참 오랜 시간을 함께 했다. 남편은 눈물로 밤을 지새웠고, 그녀는 남편에게 "고맙다." "행복했다." "사랑한다."라는 말을 반복하다가 새벽부터 의식을 잃었다. 그녀는 의식을 잃기 전 아기가 보고 싶다는 말도 반복했다. 남편과 어머니는 조금만 기다려달라며 애원하듯 그녀를 붙들고 있었다. 그러나 그녀는 그렇게 보고 싶어하던 아기를 기다릴 힘도 남아 있지 않은 듯 숨을 쉬고 안 쉬고를 반복하다 결국 숨을 거뒀다.

그녀와 가족들을 고향으로 보낸 후 나는 내 방으로 와서 그녀를 마지막으로 보낸 하얀 장갑을 물끄러미 바라보았다. 며칠 동안 그 장갑은 그렇게 그 자리에 있었고, 그녀가 편안하게 잠들었기를 바라는 나의 기도도 계속됐다. 그리고 어느 날 그녀의 남편이 내게 보여주었던 사랑이 담긴 편지를 여기서 잠시 떠올려 본다.

아기는 내 얼굴 기억 못하겠지? 내 사진이라도 많이 보여줄래?
아플 때 사진 말고, 제일 예쁜 걸로.
당신도 지금 내 모습은 기억하지 마. 알았지?

사랑하는 내 남편에게

우리가 만나고 사랑하던 그 시간, 그땐 정말 당신을 만나게 해준 하느님께 감사했어요. 얼마나 행복하던지…….

돈이 없어 늘 걸어다녀도 항상 라면에 김밥을 먹으며 여행을 다녀도 내 곁에 당신이 있다는 것만으로도 이 세상 전부를 다 가진 듯 행복했어요.

자기도 나도 둘 다 이제껏 누리지 못한 행복을 한꺼번에 하느님이 주신 듯 행복했는데…….

처음 진단받고 아무것도 모르는 내게 당신이 두 눈에 가득한 눈물을 참아가며 "당신 암이래. 6개월 정도 시간이 남았데…….'라고 말했던 그날, 무서워하며 울부짖는 나를 껴안고 당신이 했던 그 말, "난 당신 없인 못살아, 어찌하든 난 당신을 살리고 말 꺼야. 꼭!"하며 소리쳐 울던 당신을 잊지 못하겠어요.

우리에게 처음 온 시련이 얼마나 감당하기 어려운 일인지, 당신도 나도 서로 얼마나 무서웠는지, 당신과 우리 딸을 두고 나 혼자 어디론가 가야하다니……. 난 죽음이 뭔지, 어디로 가야 하는 건지, 나 혼자 가야 하는 것이 얼마나 두렵던지…….

그래도 지금 이렇게 당신 곁에 있어요. 점점 당신이 아까워서라도 당신 두고 가기 싫어요.

나 없인 행복할 수 없는 당신이기에 난 꼭 당신에게 행복을 주고 싶어요.

여기까지 오는 동안 당신과 나 많이도 힘들었지만 그래도 당신이 있었기에 여기까지 온 것 같아요.

당신도 감당하기 어려웠을 텐데 늘 웃으며 내 곁에서 행복과 힘을 주는 당신이 너무너무 고마워요.

우리 여기서 그만두기엔 당신이나 나나 행복을 더 누려야 하는 착한 사람이예요. 꼭 이겨내서 우리가 잠시 잃었던 행복을 우리 딸과 함께 꼭 찾아요.

고맙고 애처롭고 아까운 내 사랑 당신……. 당신을 행복하게 해주고 싶어요. 건강하게 씩씩하게 늘 웃음 잃지 말고 내 곁에 있어 줘요.

착하고 착한 내 사랑.

정말정말 사랑해요…….

자신이 암울하다는 것을 알 수 있는 한 가지 징후는
일에 흥미를 잃어버렸을 때입니다.
그래서 모든 일에 열정을 다하는 게 중요하다고 생각합니다.

— 니콜라스 케이지

열한 번째

성공을 열어준 것은
열정이었습니다

누구나 성공을 꿈꾼다. 적어도 자신의 분야에서 최고가 되고 싶은 것은 당연한 사람의 욕망이다. 이따금 분명히 성공한 듯 보이는 사람들이 불행하게 삶을 마감하는 모습을 보기도 한다. 그럴 때면 '진정한 성공의 의미는 무엇인가?' 돌아보게 된다.

언뜻 하찮은 일처럼 보이지만 자신이 하는 일에 자부심을 느끼며 행복하게 살아가는 사람들이 있다. 모 방송국의 〈생활의 달인〉이란 프로그램에 나오는 사람들이 그렇다. 그들이 하는 일은 결코 화려한 명성이나 커다란 부를 가져다주지는 않는다. 다만, 그 일을 통해 자신의 열정을 쏟아 붓고 그것을 행복하다고 느낄 뿐이다.

나는 이 사람들의 모습에서 진정한 성공의 가치를 발견한다. 금전적으로 성공하거나 엄청난 명예가 보장되지 않더라도 지금 하는 일을 사랑하는 것, 그래서 아무리 피곤하고 힘들어도 일하는 순간이 행복하다고 주저 없이 말할 수 있는 것. 이것이야말로 진정한 성공이자 행복 아닐까?

어느 날, 외래에 젊은 남자 환자가 어머니와 함께 내원했다. 남자는 한눈에도 말기 암환자의 전형적인 모습이었다. 그는 극심한 통증과 점점 부풀어오는 배 때문에 생긴 통증을 조절하고 싶어했다. 환자가 가져온 다른 병원의 검사 자료와 소견서를 먼저 살펴보았다. 7년 전 폐암 진단을 받고 꾸준히 치료 받았으나 더는 호전되지 않았고, 이미 간을 포함한 복강 내 전이가 되어 있었다. 환자와 보호자는 사실상 치료를 포기한 상태였다. 진찰 결과 복수도 상당히 많이 차 있었다.

나는 그에게 몇 가지를 더 질문했고, 문진을 통해 더욱 안 좋은 사실 하나를 알게 되었다. 며칠 전부터 소변량이 줄었다는 것이다. 이것은 두 가지로 해석된다. 하나는 암 때문에 소변 나오는 길이 막힌 것이고, 다른 하나는 신장 기능 자체가 나빠졌다는 것을 의심할 수 있었다. 이유야 어떻든 소변량이 줄어들었다는 것은 생의 마지막 순간에 가까워졌다는 신호다. 진찰 후 보호자만 다시 들어오게 해 환자의 현재 상태를 설명했다. 보호자는 무척 놀라며 당황한 기색을 감추지 못했다.

"이제 방법이 없나요? 내 아들이 정말 이렇게 떠나는 거예요?"

마지막 방법은 검사가 끝나면 신장에서 직접 소변이 나오도록 관을 꽂는 것뿐이라고 설명하고, 그 관을 통해 소변이 나오면 이번 고비는 넘길 수 있다고 말했다. 그러나 환자에게 고통을 줄 수도 있으며, 소변 줄 역시 문제의 근원을 해결하지 않는 한 오래가지 못하리란 것도 알렸다. 보호자는 그런 방법이라도 있음에 감사했다. 방법 없이 아무것도 하지 못한 채 그냥 지켜보는 것보단 어떻게라도 해보는 것이 나을 것 같다며 빨리 조치해주길 원했다.

그를 응급실로 옮기고, 기본 혈액검사와 복부 CT 검사를 통해 몸 상태를 보다 정확하게 파악했다. 검사 결과 역시 신장 기능이 매우 떨어져 있는 상황이었고, 소변이 내려가는 길목도 막혀 있었다. 바로 혈관 촬영실에 연락해 관을 삽입하기로 했다. 그러나 기대와는 달리 관을 삽입하고도 소변의 배출은 원활히 이루어지지 않았다. 그의 상태는 예상보다 훨씬 더 나빴다. 병실 이동 후, 배를 채우고 있던 복수를 3L 정도 뽑은 후 정맥 혈관을 통해 마약성 진통제인 모르핀을 주사했다. 배도 가벼워지고 통증도 사라져서 그런지 그의 모습은 한결 편해보였다. 다음 날, 다시 혈액검사를 통해 신장의 상태를 확인했다.

신장 기능은 어제보다도 나빠져 있었고, 소변은 밤새 50cc 정도밖에 나오지 않았다. 이제 정말 남은 시간이 얼마 되지 않았다. 그에게도 짧지만 삶을 정리할 시간은 필요했다.

"어떠세요?"

"어제보다 한결 나아요, 통증도 덜하고요. 보세요! 배도 쏙 들어갔어요. 이제부터는 뭘 해야 하나요?"

삶의 의지로 가득 찬 그의 질문에 말문이 막혀버렸다. 힘겹지만 살고자 하는 의지를 다지며 나에게 다음 치료 단계를 묻는 그에게 현재 상태를 그대로 말하는 것은 잔인한 일 같았다. 물론 그도 자신의 몸 상태에 대해 어느 정도 잘 알고 있겠지만, "앞으로 하루 이틀밖에 안 남았으니 이제 죽음을 준비하세요."라는 식의 통보는 필요 없을 것 같았다.

"좋은 것만 생각하세요. 그러면 우리 몸에 엔도르핀이 많이 분비돼서 진통제를 덜 먹어도 효과를 볼 수 있거든요. 좋았던 일, 행복했던 순간들을 돌이켜 보세요."

그는 행복한 기억을 떠올리기 위해 잠시 생각에 잠기는 것 같았다. 대신 옆에서 부은 다리를 주무르시던 그의 어머니가 아들 자랑을 하기 시작했다.

"우리 아들은 정말 대단했어요. 친구들이 아들 잘 됐다고 다들 부러워했죠. 고등학교까지 우리나라에서 다니고 대학, 대학원은 미국에서 다녔는데 항상 우등생이었어요. 그런데 어느 날 갑자기, 과학을 전공하던 아이가 방송 쪽 일을 해 보겠다는 거예요. 당황스러웠지만 무척 하고 싶어했고, 전 믿었거든요. 뭐든 잘해낼 거라고요. 역시 그 기대를 저버리지 않더라고요. 어찌나 신나서 열심히 하는지. 방송계에서도 다들 인정했다니까요."

병간호에 지칠 대로 지쳐 있던 어머니는 건강하고 자랑스러웠던 아들의 지난날을 돌이키며 잠시 얼굴에 생기가 도는 것 같았다. 그녀에게는 세상 어디 내놓아도 부끄럽지 않은 멋진 아들이었다.

"그런데 아시는 것처럼 방송이란 게 워낙 스트레스가 많잖아요. 일은 많은데 잘 쉬지 못하고 매일 야근에, 출장에… 결국 이렇게 몹쓸 병에 걸리고 말았네요. 제가 더 잘 챙겨 줬어야 했는데……."

어머니는 아들의 병을 자신의 탓으로 돌리고 있었다.

"그래도 어머니, 저는 그 시절이 제일 행복했던 것 같아요. 하고 싶은 일을 했잖아요. 돈도 많이 벌고, 유명해지기까지 하니 정말 신났었다니까요. 정말 그때만 생각하면 절로 웃음이 나요. 건강을 지키지 못한 게 안타깝지만, 후회는 없어요. 절대로요!"

어머니를 위로하고자 하는 말이 아니었다. 그는 자신의 일을 정말 사랑하는 것처럼 보였고, 이 순간에도 그 열정은 불타고 있었다.

저렇게 잘 자라준 아들을
먼저 보내야 한다는 게 얼마나 아깝고,
아플지 감히 짐작도 할 수 없었다.

어머니는 아들의 얼굴을 하염없이 쓸어내렸다. 저렇게 잘 자라준 아들을 먼저 보내야 한다는 게 얼마나 아깝고 아플지 짐작도 할 수 없었다.

"저도 의사 역할이 필요한 드라마나 영화가 있으면 무료로 써달라고 주변에 부탁했더니 TV에서 인터뷰한 걸 보고는 모두 뜯어말리더라고요."

"정말이세요? 하하하. 선생님께서 연기하시는 모습은 도저히 상상이 안 돼요."

나의 우스갯소리에 그는 한동안 웃었다. 그러더니 방송 일과 관련된 재미있는 이야기들을 해주었다. 그와의 대화를 마친 후 어머니를 병실 밖으로 모시고 나왔다. 그리고 환자에게는 직접 말할 수 없었던 그의 현재 상태에 대해 설명하고 마음의 준비를 하도록 했다. 어느 정도 짐작은 했던 것 같다. 하지만 막상 직접 듣고 나니 물밀듯 밀려드는 충격은 감당하기 어려운 모양이었다. 한동안 멍하니 아무 말 없이 있다가 가슴을 치고 소리를 죽이며 폭풍같은 눈물을 흘렸다.

이틀 동안 다른 친척들과 친구들이 오가며 그에게 마지막 인사를 건넸다. 어머니는 점점 복수가 차면서 더욱 고통스러워하는 아들을 힘겹게 지켜봐야 했다. 아들은 가끔 어머니의 손을 꼭 잡아주었지만, 시간이 지날수록 그것도 힘들어 보였다.

"어머니, 아들 없다고 끼니 거르고 그러면 안 돼요. 울지도 말고, 씩씩하게 지내셔야 해요. 약속해주실 거죠?"

어머니는 자신을 걱정하는 아들의 부탁에 울음이 터질까 차마 대답도 못하고, 고개만 끄덕였다. 그리고 조금이라도 아들과 더 많은 시간을 함께 할 수 있길 기도하고 또 기도했다. 하지만, 무심하게도 작은 기적조차 일어나지 않았다. 놓고 싶지 않았던 아들의 손을 놓아주어야 하는 어머니는 그제야 울음소리를 토해내며 아들의 이름을 목놓아 불렀다.

그가 떠난 지 한 달 후, 그의 어머니가 찾아왔다.

"여태 경황이 없어서 제대로 인사도 못 드렸어요. 사실 아들이 암 투병을 하면서도 방송 일을 계속했거든요. 어미가 돼서 그걸 말리지 못한 게 항상 마음에 남았었죠. 그런데 죽기 전에 교수님이랑 이야기를 나누면서 정말 일을 사랑하고 행복해했다는 걸 알게 됐어요. 마음이 놓이면서 다행이란 생각이 들더라고요. 비록 짧은 삶이고 결혼도 못했지만, 그래도 아들이 행복하게 살다갔다고 생각하니 위로가 되더라고요. 지금쯤 저 세상에서 고통 없이 잘 보내고 있겠죠?"

그는 다른 사람들에 비해 너무나 짧은 삶을 살다 떠났지만, 살아있는 순간만큼은 세상 누구보다 자신이 사랑하는 일에 온 열정을 쏟아 부었고 그 순간을 진심으로 즐겼다. 아마도 마지막까지 자신의 삶을 후회하지 않았던 그는 어머니에게 자랑스러운 아들로 영원히 기억될 것이다. 그가 행복한 얼굴로 자신 있게 남긴 말이 생각난다.

"정말 그때만 생각하면 절로 웃음이 나요. 건강을 지키지 못한 게 안타깝지만, 후회는 없어요. 절대로요!"

감사하면 아름다우리라. 감사하면 행복하리라.
감사하면 따뜻하리라. 감사하면 웃게 되리라.
— 이해인 〈감사와 행복〉 중

열두 번째
늘 감사했기에
늘 행복했습니다

세상엔 인간의 힘으로는 해결할 수 없는 일이 너무나 많다. 인간은 이런 한계의 순간에 맞닥뜨릴 때, 자신이 얼마나 나약한 존재인지 절감하고 어려움을 의지할 수 있는 절대적인 존재를 찾는다. 사람들이 종교를 찾는 것도 이런 이유다. 특히 병원에서 투병하는 환자들은 누구보다 절실한 마음으로 종교를 찾는다. 그들은 삶의 끝자락에서 마음의 안정을 찾고 기적을 바라며, 편안한 임종을 맞이하기 위해 사후세계에 대한 신의 대답과 확신을 얻고 싶어한다.

종교를 가지고 있는 이들에게 기도는 이 모든 것의 시작이다. 그것은 신과 소통하는 창구이며, 자신의 믿음을 더욱 확고히 하고 의지를 다지는 도구가 되어준다. 그래서 어떤 종교든 "기도를 게을리 하지 말라."고 강조한다.

나는 이 세상 누구보다 '기도'에 열심이셨던 한 분을 알고 있다. 그 기도가 멈춘 것은 그분이 생을 마감하는 그 순간이었다. 그분에게 있어 기도는 정말 호흡과 같은 것이었다.

강진수 신부님은 이미 많은 사람이 알고 있는 프랑스 출신의 신부님이다. 본명은 '장 크랭캉'. 자신의 이름을 모두 어려워하자 이름의 가장 끝 자를 따 '강'씨 성을 만들고, 다른 신부님이 '진수'라는 이름을 지어주어 주셨다고 한다. 신부님은 병인박해(1886년) 때 순교한 유스토 성인의 육대 후손으로, 1964년 처음 한국에 들어와 선교 활동을 시작했다. 이후 백혈병의 일종인 골수이형성 증후군으로 입원하기 전까지, 끊임없는 봉사와 실천으로 여전히 살아 있는 천사로 기억되고 있는 분이다.

신부님을 처음 만난 건 7년 전이다. 당시 나는 일산에 있는 한 종합병원에서 근무 중이었는데, 신부님이 봉사활동을 위해 병원을 방문하셨다. 우리 병원은 종교와는 무관해 별도로 종교행사가 없었다. 이런 사정을 알게 된 신부님은 병원 내 신자들을 위한 미사 진행을 자청하셨고, 환자들을 직접 만나 기도해주시기 위해 물어물어 봉사를 오셨다. 그 때 나를 더욱 놀라게 한 것은 신부님 자신도 암 투병 중이시라는 사실이었다. 암환자는 평소 가벼운 활동에도 육체적으

"힘들지요.
그래도 나를 위해 기도해주는 사람이 많아
잘 이겨내고 있답니다."

로나 정신적으로 피로가 상당해 자신의 몸만 돌보기도 매우 힘이 든다. 당연히 누군가를 생각하고 배려할 여력이 없을 텐데, 전국을 돌며 신자들을 찾아다니고 기도하시는 모습은 누가 봐도 놀라웠다. 내가 신부님을 처음 뵈었을 때도 서울에 온 목적은 치료였지만, 이 길에도 봉사를 게을리하고 싶지 않다시며 의지를 불태우셨다.

첫 만남 이후 신부님은 병원 직원들과 환자들을 위해 매달 한 번씩 미사를 진행하셨고, 그때마다 이런저런 이야기를 나눌 수 있었다. 나는 의사로서 신부님의 건강을 염려하지 않을 수 없었다.

"힘들지 않으세요?"

"힘들지요. 그래도 나를 위해 기도해주는 사람이 많아 잘 이겨내고 있답니다."

힘든 투병 중에도 항상 감사하다고 말씀하시는 신부님은 언제가 가장 행복하신지 궁금했다.

"기도하는 순간이요. 테레사 수녀님 말씀처럼 기도는 모든 것을 이해하고 행복하게 해주지요. 주님께 의지하고 주님을 벗 삼으면 세상 무엇도 두렵지 않아요. 비록 암 때문에 투병 생활하는 몸이지만 이것도 주님께서 주신 은총이라고 생각하면 한결 마음이 편해요. 언제 시간 되시면 마더 테레사 수녀님의 책을 한 번 읽어보세요. 세상이 달라 보일 겁니다."

꼭 책이 아니더라도 신부님을 만나 대화할 때마다 나는 마치 다른 세상을 보는듯했다. 평생을 외로운 이들의 동반자로 살아오신 분이셨다. 자신도 타국에서의 오랜 삶에 많은 어려움이 있었을 텐데도 그것을 모두 신앙으로 극복하셨다. 그리고 얼마 남지 않은 삶조차도 다른 사람을 위해 기도하시고 노력하시는 모습도 존경스러웠다. 앞으로 그분께 얼마의 삶이 남았는지 정확히 알 수 없었으나 그런 것은 문제가 되지 않아 보였다.

신부님은 한 번도 빠짐없이 미사를 진행하셨다. 본인의 암 치료 때문에 몸이 많이 피곤하고 힘드셨을 만도 한데 한번도 늦으시는 적이 없었다. 항상 환자들과 이런저런 담소도 나누시고, 희망이 되는 좋은 말씀을 해주셨다. 매번 그들을 위한 기도도 잊지 않으셨다. 환자들도 신부님을 좋아했다. 신도들뿐만 아니었다. 종교가 없는 환자들도 한국말을 능숙하게 잘하시는 외국인 신부님을 보고 놀라며, 언제나 온화한 미소로 인사를 건네는 신부님에게 금세 마음의 문을 열었다. 환호성을 지르고 사인을 청하는 사람만 없었을 뿐 신부님은 우리 병원의 스타셨다.

시간이 지나면서 언제나 기운을 내기 위해 애쓰시던 신부님의 목소리도 힘이 없어지기 시작했고, 몸은 하루가 다르게 야위어갔다. 우리는 신부님의 건강을 염려해 이제는 쉬시기를 몇 번이고 권유했다. 그러나 본인이 숨 쉬고 스스로 걸어다닐 수 있는 한 미사를 그만둘 수는 없다 하셨다. 평소에는 인자하시고 따뜻한 분이셨지만 봉사에 관해서 만큼은 세상 누구보다 단호하셨다. 신부님을 걱정하던 사람들도 그 마음을 접을 수밖에 없었다.

얼마 후 나는 다른 병원으로 자리를 옮기고, 새로운 일자리에 적응하느라 신부님을 자주 찾아뵙지 못했다. 그러던 어느 날, 지인으로부터 신부님이 위독하셔 더는 미사를 진행하지 못하신다는 소식을 들었다. 나는 그제야 다른 선생님들과 함께 신부님댁을 방문했다.

우리의 방문에 신부님은 언제 아팠냐는 듯 자리에서 일어나 반갑게 맞아주셨다. 몸은 예전보다 더 야위어 있었고, 안색도 안 좋아 보였지만 사람의 마음을 따뜻하게 쓰다듬어 주시는 미소만큼은 변함없었다. 신부님은 한 사람, 한 사람 손을 꼭 잡아주시며 건강과 근황을 일일이 물으셨다.

"자리 옮겼다는 얘기는 들었어요. 옮긴 병원은 근무하기 어렵지 않아요? 힘든 일이 있으면 기도하세요. 기도하면 마음의 평안을 얻을 수 있답니다. 내 모든 것을 주님이 주관해주시니 죽음도 두렵지가 않아요. 참 행복한 사람이지요?"

며칠 지나지 않아 신부님께서 하늘의 부름을 받으셨다는 비보를 접하게 되었다. 그날이 마지막 만남이 될 줄은 몰랐다. 다음 만남을 계획하기도 했었는데 기다려주지 않고 하느님 곁으로 떠나셨다. 종교와 상관없이 신부님의 성품을 존경하고 따르던 많은 사람이 진심으로 슬퍼했다.

신부님은 항상 '기도'를 짧게라도 호흡처럼 하라고 말씀하셨다. 비록 작은 시작일지라도 그것이 삶을 크게 변화시킬 거라고. 나는 신부님의 기도를 닮고자 노력했다. 종교를 떠나 그분의 말씀은 나에게 언제나 감동이었고 가르침이었다. 신부님께서는 깊은 신앙의 힘으로 자신의 행복뿐만 아니라 많은 사람의 행복도 찾아주셨다. 소천하신 며칠 후, 나는 신부님께서 추천해주셨던 테레사 수녀님의 책을 읽었다. 한 줄 한 줄 소중한 글이 내 마음에 깊이 새겨졌다.

모든 것은 다 기도로부터 시작됩니다. 우리는 사랑할 수 있도록 하느님께 청하지 않고서는 사랑을 지닐 수가 없으며 다른 이에게 줄 수 있는 사랑의 정도 또한 극히 적습니다.
오늘날 사람들이 그토록 자주 가난한 사람들에 대해 말을 하면서도 가난한 이들에 대해서 잘 모르듯이 기도에 대해서도 늘 많은 말을 하고 있지만 실제로 기도할 줄은 모릅니다.

— 마더 테레사 《모든 것은 기도에서 시작됩니다》 중

언제가 가장 행복하시냐는 내 물음에 온화한 표정으로 주저 없이 답하시던 신부님의 모습이 떠오른다.

"기도하는 순간이요. 테레사 수녀님 말씀처럼 기도는 모든 것을 이해하고 행복하게 해주지요."

당신의 몸 구석구석이 당신의 말을 듣지 않을 즈음
나도 당신을 위해 늙어갈 것입니다.
— 신소라 〈당신의 사랑을 먹고 자랐습니다〉 중

열세 번째

작은 위로가
나를 살게 했습니다

흔히 시어머니와 며느리를 '물과 기름의 관계'라고 한다. '사위 사랑은 장모'라는 말 속에는 딸과 함께 사는 사위를 잘 챙겨 대접하면 내 딸도 그런 대접을 받고 살 것이라는 친정 부모의 애틋한 마음이 담겨 있는데 반해, 고부 관계에서는 이런 마음을 담은 말을 찾아보기 어렵다. 오죽하면 '며느리 밑씻개'나 '며느리 밥풀'이라는 식물 이름이 다 있을까.

그렇다고 모든 시어머니가 며느리를 질투나 시기의 대상으로 보지는 않는다. 그리고 모든 며느리가 시어머니를 미움의 대상이자 가장 불편한 사람으로 생각하는 것도 아니다. 요즘은 세상이 많이 변해 엄마와 딸보다 더 애틋한 시어머니와 며느리의 관계도 가끔 보게 된다. 내가 아는 어느 고부간이 그랬다.

몇 해 전, 딸로 보이는 한 젊은 여성이 몹시 아파 보이는 중년 부인과 함께 병원을 찾았다. 누가 보아도 말기 암환자임이 분명했다. 푸릇한 두건을 두른 핏기 없는 어두운 얼굴은 환자가 항암치료로 매우 지쳐 있음을 말해주었다.

병명은 대장암 말기. 한 차례의 수술을 통해 장을 절단해 인공항문을 갖고 있었고 다섯 차례에 걸쳐 항암치료도 받았으나, 몸 상태가 더는 유지되기 어려워 치료를 중단했다고 했다. 그녀가 내원한 이유는 하지부종과 잘 나오지 않는 소변 때문이었다. 수술 시 제거된 림프절 때문에 하지의 림프액이 순환을 못해 마른 상체에 비해 하체가 매우 두꺼워져 걷지 못하는 상황이었다. 더 안 좋은 것은 방광이 꽉 차도 소변이 나오질 않았다. 그것은 암환자에게 매우 좋지 않은 징조이기에 우선 소변 줄을 이용해 소변을 빼내고 초음파도 확인했다. 예상대로 큰 암 덩어리가 소변이 나가는 관을 눌러 막고 있었다. 무거운 마음으로 결과지를 들고 보호자를 만났다.

"따님이시죠?"

"예? 아, 며느리예요."

그녀는 자주 듣는 소리라며 미소 지었다.

"다리가 붓는 건 암 때문에 혈액 흐름이 느려져서 그렇습니다. 암이 좋아지지 않는 한 해결되기는 어렵습니다. 일단은 약물과 붕대,

압박 스타킹을 이용해서 증상을 조절해보도록 하고요. 문제는 소변인데, 아마도 스스로 소변을 보실 수는 없을 겁니다. 소변 줄을 이용해서 소변을 빼내야 해요. 이 정도의 암 크기라면 아마 복부에서도 만져지셨을 거예요. 증상은 점점 더 안 좋아질 겁니다."

며느리는 놀란 눈을 하고 설명을 듣다가 금세 굵은 눈물방울을 뚝뚝 떨어뜨렸다. 그러다 밖에 계신 시어머니께 들킬까 염려되었는지 마른 수건으로 두 눈을 꾹꾹 누르며 그간의 이야기를 해줬다.

"며칠 전부터 어머니께서 배에 뭐가 자꾸 만져진다고 말씀하셨어요. 저도 만져봤는데 순간 많이 놀랐죠. 잘 모르는 저도 '이게 암 덩어리구나.' 하는 생각이 들더라고요. 그래도 얼른 "걱정하지 마세요, 어머니. 장이 변이랑 가스 때문에 단단해졌나 봐요." 거짓말을 했어요. 사실 겁이 났어요. 저도 이렇게 무서운데 혼자 배를 꾹꾹 만지며 '암 덩어리가 이렇게 커졌구나.'라고 생각하셨을 어머니를 생각하면……."

며느리는 다음 말을 잇지 못하고 다시 한 번 왈칵 눈물을 쏟고 말았다. 잠시 후, 그녀는 눈물을 닦고 울었던 흔적을 없애려 연방 눈을 깜빡이고는 기다리는 시어머니께 갔다.

이렇게 착한 며느리를 위해 내가 해 줄 수 있는 건 많지 않았다. 잘 나오지 않는 소변 때문에 매번 병원을 방문하는 것이 번거로울 것 같아 소변 줄을 이용해 빼는 방법을 알려주고, 각별히 위생에 신경 쓰도록 당부한 후 귀가 조치를 했다. 아무래도 조만간 다시 만나게 될 것 같은 예감이 들었다.

그들을 다시 본 건 보름도 채 지나지 않아서다. 이번엔 지난번 상황에 통증까지 조절이 안되어 입원이 불가피했다. 더 두고 볼 것도 없이 입원을 시키고, 어쩌면 마지막이 될지도 모르는 병원 생활을 시작했다. 통증은 어느 정도 조절이 되었으나 가장 힘든 문제는 역시 소변이었다.

"선생님, 소변을 좀 시원하게 볼 수 있었으면 좋겠어요. 소변 줄이 아니라 제 스스로요. 소변을 잘 못 본다는 게 이렇게 힘든 일인 줄 몰랐네요."

그녀는 다른 어떤 것보다 소변 때문에 힘들어했고, 그녀의 며느리도 방법이 있는지 물었다. 사람들은 암에 걸리면 극심한 통증이 제일 괴로울 거로 생각하지만, 통증은 약으로도 웬만큼 조절이 가능했다. 오히려 음식을 마음껏 먹지 못한다든가 소변을 마음껏 보지 못하는, 우리가 일상에서 감사한 줄도 모르고 누리는 가장 기본적인 부분에서 환자들의 스트레스는 극심했다.

먼저 종양내과 선생님에게 더는 항암치료가 무의미할 것 같다는 소견을 들었고, 방사선 조사로 암 덩어리를 조금 줄여보자는데 의견이 모였다. 다행히 환자는 방사선 치료를 잘 견뎠고, 암 덩어리가 조금 줄어들어 스스로 소변을 볼 수 있게 되었다. 회진을 돌다가 한결 밝아진 그녀를 만날 수 있었다.

"며느님은 어디 가셨나 봐요?"

"네, 제가 냉면을 좋아하는데 암 치료하면서는 통 먹지를 못했거든요. 그런데 우리 며느리가 한 번 먹어보라고 손수 냉면을 만들어 가지고 왔네요. 지금 조리실에서 면을 삶고 있어요."

"아, 그러셨군요. 전 따님인 줄 알았어요. 두 분이 닮으신 것도 같고요."

"아이고, 우리 며느리가 훨씬 예쁘죠."

마치 딸 자랑을 하는 엄마처럼 그녀의 얼굴엔 웃음이 피어올랐다. 그러면서도 간간이 문 사이로 며느리가 들어오지는 않나 기대에 찬 눈빛으로 살폈다.

"우리 며느린 어떨는지 모르지만, 전 며느리랑 닮았다는 얘기가 그렇게 좋을 수가 없어요. 뭐, 처음부터 그런 건 아니지만요. 며느리 들이면서 저도 '딸처럼 생각해야지.' 했었죠. 그런데 그게 그렇게 쉽나요? 괜한 트집도 잡아보고 했어요. 그런데 같이 살던 애들이 분가하고 보니 며느리한테 제가 많이 의지했었나 봐요. 적적한 게……. 그러다가 이렇게 됐지요. 솔직히 남편이 옆에서 병시중하는 건 너무

불편해요. 우리 애가 요즘 애들 같지 않아서 그런지 저는 솔직히 쟤만 오면 좋아요. 내가 뭐가 필요한지, 어떻게 해줘야 좋아하는지 너무 잘 알아요. 보세요, 지금도 내가 냉면 먹고 싶어할 것 같다고 이리저리 궁리해서 만들어 갖고 온 거. 전 이제 우리 며느리가 진짜 딸 같아요. 아들보다 나아요."

그녀의 얼굴은 밝았고, 며느리 자랑에 아픔도 잊은 것 같았다. 잠시였지만 행복해 보였다.

정말로 그녀 곁에는 항상 며느리가 있었다. 물론 남편과 며느리가 번갈아가며 그녀를 보살폈지만, 무언가를 하는 사람은 항상 며느리였다. 아침엔 어머니의 얼굴과 발을 젖은 수건으로 닦아드리고, 화장품을 얼굴부터 손까지 꼼꼼히 발라드렸다. 오후에는 이런 저런 이야기를 나누거나 곁에서 좋아하시는 찬송가를 불러 드렸고, 틈틈이 팔과 다리 등을 주물러 혈액 순환이 잘되도록 했다.

그러나 어느 순간부터 이들 고부간의 대화는 급격히 줄어들었다. 시어머니에게 점점 간성 혼수가 오기 시작했기 때문이다. 소변이 나오질 않아 다시 소변 줄을 꽂은 지는 이미 오래전이었다. 온몸은 요독증 때문에 불덩이 같았고, 좀처럼 눈을 뜨지 못했다. 1인실로 옮겨 집중 치료를 했으나 소생 가능성은 희박했다. 이제 정말 시간이 얼마 남지 않았다. 나는 가족들을 모이도록 했고, 오늘을 넘기기 어려우실 것 같다고 말해주었다.

불덩이 같은 체온을 내려야 한다는 말에 며느리는 밤새 찬 물수건과 알코올을 적신 거즈로 그녀의 몸을 닦아내렸다. 그렇게 사흘 밤낮을 꼬박 새웠다고 했다. 학창시절 시험공부를 할 때도 하룻밤 지새우기가 어려웠는데, 어머니가 모두 자는 사이 혼자 훌쩍 떠나실까 두려워 눈을 붙일 수가 없었다고 했다.

며느리의 바람 덕분이었을까? 하루 이틀을 넘기기 어렵다고 생각했던 환자는 나흘째 버티고 있었다. 그리고 놀랍게도 그녀는 잠깐 의식이 돌아와 잠에서 깬 듯 어렵게 눈을 뜨고 부축을 받아 일어나기까지 했다. 물론 여전히 눈에는 초점이 없고, 팔과 다리는 심하게 떨리고 있었다. 그런 그녀가 며느리의 손을 잡더니 알 수 없는 말들을 하기 시작했다.

"에이, 프런. 에이프런……."

"어머니, 갑자기 에이프런은 왜 찾으세요?"

"어, 어, 너 가져. 코끼리, 코, 끼리……."

"어머니 코끼리요? 코끼리 왜요?"

"너, 다, 가져."

그녀는 무언가를 가리키며 에이프런과 코끼리를 찾더니 며느리에게 다 갖으라고 말했다. 그 의미는 알 수 없었으나 아마도 며느리

우리 며느린 어떨는지 모르지만,
전 며느리랑 닮았다는 얘기가 그렇게 좋을 수가 없어요.

에게 소중한 것을 남기고 떠나고 싶어하는 시어머니의 마음 같았다. 며느리는 아무 말 하지 못하고 눈물 섞인 한숨만 연거푸 쉬었고, 시어머니는 다시 깊은 잠에 빠졌다.

　얼마 지나지 않아 점점 혈압이 떨어지기 시작했다. 산소 포화도도 계속 떨어져 산소마스크에 의존해야 했다. 혈압을 상승시키기 위해 약을 썼으나 새벽 무렵에는 최고치의 약을 써도 좀처럼 정상 혈압을 찾을 수가 없었다. 시어머니는 사투를 벌이고 있었지만, 세상은 아무 일 없다는 듯 조용히 시간만 흘렀다.

　다음 날 아침, 약을 써도 소용 없는 순간이 왔다. 갑작스러운 혈압강하와 급격히 떨어지는 산소 포화도는 가족들을 불안하게 했고, 그녀는 점점 멀어져갔다. 이윽고 심박동 기계의 '삐이' 소리와 함께 병실은 울음바다로 변해버렸다.

　그녀에겐 딸이 없었다. 그러나 며느리라는 이름의 '딸'이 있었고, 며느리에게도 단지 '시'자가 붙은 사랑하는 어머니가 한 분 더 있었다.

　죽음의 문턱에서 시어머니는 며느리가 해주는 냉면 한 그릇으로 세상 누구보다 행복했다. 그녀에게 냉면은 단순히 좋아하는 음식이 아니라 며느리의 마음이자 위로였다. 며느리는 언제나 시어머니에게 어떤 위로가 필요한지 잘 알고 있었다. 굳이 "엄마, 힘내요. 제가 항상 곁에 있잖아요." 말하지 않아도 시어머니는 매 순간 그 마음을 읽었을 것이다.

어머니가 떠나신 후 처음으로 마음의 편지가 아닌, 글을 써봅니다. 사실 어머니가 안 계시다는 것이 오랫동안 실감 나지 않았어요. 모든 것은 그대로인데 어머니만 계시지 않은 현실을 받아들이기가 쉽지 않았습니다.
어머니의 입맛을 살리기 위해 사 두었던 여러 가지 음식 재료와 요리책들을 정리하며 울고 또 울었습니다. 잠을 잘 때마다, 혼자 운전을 할 때마다, 어머니와 나눴던 얘기들, 함께했던 시간이 생각나 한참을 울곤 했습니다.
어머니, 기억나시나요?
수술하시고 병원에서 회복 중이실 때 저와 함께 병원 옥상에서 파란 하늘을 보며 반드시 나으실 거란 다짐과 함께 노래 불렀던 일들. 전 정말 행복했었어요. 어머니의 대소변을 받고, 어머니를 씻겨드리며 같이 목욕했던 것들조차 저에게는 행복이었습니다.
얼마 전 꿈에 어머니의 환한 얼굴과 건강한 모습을 보았어요. 꿈이었지만 얼마나 기뻤는지 모릅니다. 저는 어머니가 떠나신 후에도 마음속에서 어머니를 떠나보내지 못하고 있습니다. 지금도 이 글을 쓰면서 어머니를 생각하니 목이 메어 아무 말도 할 수가 없어요. 하지만, 이제는 어머니를 정말로 보내야 할 때인 것 같아요. 흐르는 눈물을 닦아내야 할 때인 것 같아요.
어머니, 감사했어요. 그리고 행복했고요.
너무너무 사랑해요, 엄마.

돋보기안경을 들여다보고 있으려니
아버지의 주름살이 자꾸만 자꾸만 파도가 되어 밀려온다.
— 이탄 《아버지의 안경》 중

열네 번째

뒤늦게 알게 되는
행복이 있습니다

부를 때마다 가슴을 뭉클하게 만드는 이름이 있다. '아버지…….' 어린 나에게 아버지는 큰 산이었다. 불어오는 어떤 거센 비바람도 거뜬히 막아줄 수 있는 크고 높은 산. 영원할 것만 같았던 아버지의 모습이 초라하게 느껴진 건 어느 날 갑자기였다. 예전에는 그렇게 넓고 듬직하게 보이던 어깨가 너무 작아 보였다. 내가 어른이 되어 가는 사이 아버지는 그렇게 조금씩 늙어가고 계셨나 보다. 세월의 무게를 덜어 드릴 수 없음에 마음이 아팠고, 다시는 크고 높은 산 같은 아버지의 어깨를 볼 수 없다고 생각하니 쓸쓸했다.

그동안 누군가의 아버지가 영영 가족의 곁을 떠나는 모습을 자주 봐왔다. 살아생전 아버지를 더 잘 모시지 못한 것을 후회하는 자식도 많이 봤었다. 그런데도 정작 나의 아버지가 늙어 가고 있고, 언젠가는 나와 가족의 곁을 떠날 거란 생각은 하지 못한 것 같다. 부모는 자식을 기다리지 않는다고 한다. 그런데 오늘도 나는 아버지께 따뜻한 말 한마디 건네지 못한 채 그냥 지나치고 있다.

8년 전, 일 때문에 알고 지내던 간호사에게 전화가 왔다. 그녀는 지방병원 호스피스 간호사로 암환자들을 위한 봉사활동도 적극적으로 참여하고 있는 열정이 넘치고 밝은 사람이었다. 그런데 그날 수화기를 통해 들려오는 그녀의 목소리는 낮고 힘이 없었다.

"선생님, 잘 지내시죠?"

"그럼요, 별일 없으시죠?"

내심 불안한 마음에 안부 인사부터 건넸다.

"별일이 없으면 이렇게 갑자기 연락드릴 일도 없었겠죠. 아버지께서 편찮으세요."

이럴 때면 내 직업이 원망스러웠다. 나를 찾는 환자들은 더는 손쓸 방도가 없을 정도로 병이 악화되어 마지막을 준비해야 하는 경우가 대부분이다. 그러다 보니 환자와 그 가족이 나를 믿고 치료를 부탁하면 기쁘고 자랑스러워해야 함에도 늘 마음이 불편하고 무거워진다.

그동안 그녀와 일 이야기나 했지, 이렇게 가족이 아픈 문제로 만나게 될 줄은 몰랐다. 그녀의 아버지는 2년 전에 대장암이 발병해 수술과 항암치료를 받고 잘 지내시다가 최근에 재발했다고 했다. 다시 항암치료를 했으나 별 반응을 보이지 않았고, 급기야 장 폐쇄 증세가 나타나고 구토와 고열이 반복되면서 무척 고통스러운 나날을 보낸듯 했다. 지방의 한 병원에서 치료를 받아왔으나 더는 호전되지 않아 마지막이라는 생각으로 서울행을 선택한 것이다.

그녀의 아버지와 보호자는 구급차를 타고 전라남도 순천에서 장거리를 단숨에 달려왔다. 환자는 2주 동안 코에 줄을 끼고 음식을 전혀 먹지 못한 채 영양제만으로 연명하고 있었다. 무척 야위어 있었고 전반적으로 허약해보였다. 그러나 살려는 의지가 강해서인지 말이나 정신은 또렷했다.

혈액검사와 사진을 찍은 후 보완 대체요법으로 치료를 시작했다. 환자는 잘 견뎌주었다. 치료를 시작한 지 일주일이 지나자 마침내 방귀를 뀌기 시작했고, 변도 나왔다. 예상치 못한 좋은 결과에 가족들은 기쁨을 감추지 못했다. 그녀의 아버지처럼 대장암이 재발해 복강과 장에 암이 퍼지고 장 폐쇄가 부분으로 생긴 경우, 죽을 때까지 물 한 모금 못 먹고 임종을 하는 경우가 허다하다. 그런데 장이 소통되었다는 것은 기적과도 같은 일이었다. 청진기를 대어보았다. 장내 음이 우렁차게 들렸다. 그동안 불러 있던 배도 푹 꺼졌다. 나도 모르게 환자의 손을 꼭 잡았다.

"감사합니다. 이게 모두 교수님 덕분입니다."

"아닙니다. 오히려 제가 더 고맙습니다. 믿고 따라와 주셔서요."

"그럼 저 이제 먹을 수 있나요?"

"물론이죠. 물부터 시작해서 괜찮으면 미음, 죽, 이런 순서대로 먹도록 해 보죠."

많은 환자가 먹지 못하는 스트레스가 통증으로 인한 스트레스보다 견디기 어렵다고 말하는 걸 많이 보았다. 암환자에게 먹을 수 있다는 것은 단순히 배를 채우는 것만을 의미하는 것이 아니다. 그들은 음식을 거부하는 자신의 몸을 보면서 점차 죽어가고 있음을 실감한다. 반대로 먹을 수 있다는 것은 아직은 살아 있다는 증거이며, 기적을 바랄 수 있는 희망이기도 했다. 보기에는 맛없어 보이는 마알간 미음 한 모금이라도 먹을 수 있게 된다는 것은 진수성찬을 대접받는 것과도 비교할 수 없는 큰 축복이자 기쁨이다. 비록 암은 치료하지 못해도 환자에게 먹을 수 있는 기쁨만 주어도 성공한 것이다.

호스피스는 큰 것을 바라는 것이 아니다. 우리가 우습게 볼 정도로 매우 소박한 일을 환자들이 한순간이라도 다시 체험할 수 있길 바란다. 자가 호흡을 하고, 방귀를 뀌고, 물 한 모금을 음미하며 천천히라도 마실 수 있는 작은 기적 말이다.

그날 저녁 나는 환자의 딸인 간호사 선생님에게 메일 한 통을 받았다.

어둠이 하나씩 걷히며 드러내는 아침의 모습은 싱그럽기만 하네요. 창가에 서성이며 지저귀는 새소리 또한 아침을 반갑게 맞아주나 봅니다. 드디어 기다리고 기다리던(?) 아버지의 가스가 나왔다는 소식에 온 가족들이 서로 전화로 확인하며 얼마나 기뻐했는지 모릅니다.
아버지의 얼굴에 웃음꽃이 활짝 피었다고 하네요. 그동안 혼자서 얼마나 애태우셨을까 생각하니… 조금씩 나아질 거란 희망을 품어도 좋을까요? 더는 나빠지지 않고 좋은 결과가 있기만을 바랄 뿐이랍니다. 감사드립니다.

그녀의 아버지는 하루가 다르게 좋아졌다. 가족들도 함께 기뻐했다. 물론 이것이 암이 나아가고 있음을 말하진 않았다. 이 행복이 얼마나 갈지 아무도 몰랐다. 그러나 단 1%의 기적이라도 꿈꿀 수 있게 되었고, 가족들은 이것만으로도 충분했다.
우리는 환자와 환자의 가족들과 함께 야외 공원으로 소풍을 가기로 했다. 일반 환자가 산책하러 가는 것은 어렵지 않은 일이지만 말

기 암환자에게는 쉬운 일이 아니다. 준비해야 할 것도 많고 손도 많이 간다. 그렇지만 한 번의 외출이 그들에게 줄 기쁨을 생각하면 대수롭지 않았다. 우리는 출발 직전까지 많은 준비를 했고 빠진 것이 없나 살펴보고 또 살펴봤다. 나를 도와 환자들을 보살필 다른 의사와 간호사들도 동행하기로 했다.

당일의 날씨는 참 좋았다. 구름 한 점 없이 높은 가을 하늘에는 햇빛이 환하게 비추고 있었다. 비록 멀지 않은 곳에 있는 작은 공원을 산책하는 것에 불과했지만, 가족들은 마치 먼 곳으로 여행을 나온 것처럼 많은 음식을 준비해 와 우리는 더욱 더 소풍 기분을 마음껏 누릴 수 있었다. 환자들은 음식을 소화하기 힘들었지만, 작은 한 입을 먹더라도 정말 맛있게 먹었다.

점심을 마치고 주변을 거닐며 모처럼 만에 평온한 시간을 보냈다. 그러다 누가 시킨 것도 아닌데 환자와 가족들은 어느새 함께 노래를 부르고 있었다.

서로 손을 잡고, 어깨에 손을 얹으며 환자가 좋아하는 노래를 불렀다. 간호사의 아버지도 좋아하는 트로트를 가족들과 함께 멋들어지게 불렀다. 물론 부르는 도중 숨이 차 잠시 멈칫거리기도 했지만 행복해 보였다. 마지막으로 〈등대지기〉를 모두 함께 부르며 소풍을 마무리했다.

얼어붙은 달그림자 물결 위에 자고
한겨울에 거센 파도 모으는 작은 섬
생각하라 저 등대를 지키는 사람의
거룩하고 아름다운 사람의 마음을

모질게도 비바람이 저 바다를 덮어
산을 이룬 거센 파도 천지를 흔든다.
이 밤에도 저 등대를 지키는 사람의
거룩한 손 정성 이어 바다를 비춘다.

  누구나 쉽게 부를 수 있고, 누구나 아는 노래이지만 그날따라 노래 가사가 더 가슴에 와 닿았다. 이렇게 사랑하는 가족과 이별해야 하는 순간이 머지않아 오겠지만, 함께 웃고 떠들었던 시간은 그들의 가슴속에 등대지기처럼 영원히 남을 것이다.
  우리는 아쉬움을 뒤로하고 병원으로 돌아왔다. 기분 전환을 해서인지 며칠간 병실에는 활기가 돌았다. 그녀의 아버지도 기분이 좋아서인지 편해보였다.
  그러나 암은 가차없었다. 산책을 다녀온 지 일주일이 지나자 암이란 녀석은 그녀의 아버지를 힘들게 했다. 갑자기 기침과 가래를

가시기 몇 시간 전엔 미소 띤 모습으로 주무시는 것도 보고,
아버지께서 가시면서 저희에게 마지막 선물을 주신 것 같아요.

동반한 고열이 발생했다. 흉부 사진과 혈액검사를 바로 시행했고, 결과는 폐렴이었다. 항생제를 정맥으로 주입한 후 경과를 지켜보았지만, 우리의 기대와는 달리 환자의 상태는 급속히 나빠졌다. 얼마 지나지 않아 그녀의 아버지는 이승에서의 마지막 숨을 몰아쉬고 조용히 세상으로의 소풍을 마쳤다.

환자는 임종한 후 가족과 함께 고향인 전라남도로 돌아갔다. 모두 아버지의 빈자리를 감당하기 어려워했고, 한동안은 간호사 선생님의 소식도 들을 수 없었다.

그 후로 한참 만에 간호사 선생님으로부터 메일이 한 통 왔다.

이제야 인사를 드리게 됩니다.
아버지 가신 날 연락하려고 했으나 쉬 되지를 않아 망설이다 이제서야 인사를 드리게 되네요. 그동안 아버지를 위해 애써주신 점 가족 모두 항시 감사한 마음이랍니다.
지금 제 가족들이 그나마 웃으며 뭔가를 먹을 수 있는 것도 선생님의 힘이지 않나 싶네요. 아버지께서 가시는 날까지 아무것도 드시질 못하고 가셨다면 아마도 가족 누구도 음식에 손을 대지 못했을 겁니다.
아버진 저희에게 많은 걸 배려해주고 가셨답니다. 제가 병원에 오기 전까지 엄마에게 계속 집에 가자고 하셨다고 하네요. 그런데 임종하시던 날 밤에 오빠와 제가 아버지에게 "낼 아침에 순천 내려갈까요?" 물으니 안 간다고 하시더라고요. 아마도 제가 근무하는 병원이나 집으로 가셔서 임종을 맞이했다면 남은 가족들이 더 힘들어했을 거란 생각을 하지 않으셨나 싶네요.

그토록 사람을 좋아하시더니 마지막 가시는 길까지 많은 분을 만나고 가셨답니다. 꼬박 사흘이었으니……. 비록 가족들 모두 모여 아버지의 임종을 지키지 못한 안타까움이 가득하지만 오히려 아버진 그걸 염려하셔서 제게 마지막을 맡기지 않으셨나 생각합니다.

지금 생각해보면 어쩜 그렇게 저희만 가면 아픈 내색 하나도 없이 항상 웃으며 맞이해주셨는지… 그렇게 많이 아팠으면서 감쪽같이 감추셨던 걸 생각하면 지금도 가슴이 답답해진답니다.

선생님을 만난 게 저희 가족에겐 선물이었답니다. 여행 좋아하시는 아버지께서 마지막으로 좋은 곳에 가셔서 즐거운 시간도 보내시고 조금이나마 드실 수도 있었기에 그것만으로도 선생님께 너무나 감사했답니다. 가시기 몇 시간 전엔 미소 띤 모습으로 주무시는 것도 보고. 아버지께서 좋은 곳으로 가시면서 저희에게 마지막 선물을 주신 것 같아요.

진즉 연락을 하지 못해 죄송합니다. 차마 전화상으론 감정 조절이 되지 않을 것 같아 이렇게 메일로 감사의 인사를 대신합니다. 선생님께서는 지금까지 많은 분을 떠나보내시며 힘드셨을 것 같아요. 그래도 선생님의 사랑을 많이 받고 가셨기에 환자나 가족 모두 편안하지 않을까 생각합니다. 다음 주말부터 휴가여서 시간이 되면 한 번 찾아뵐까 합니다. 그때 연락드리겠습니다.

다시 한 번 아버지를 위해 애써주신 점 가족들을 대신해 감사드립니다.

그녀는 속 깊으셨던 아버지를 그리워하며 오늘도 아버지 같은 환자들을 보살피고 있으리라 짐작해본다. 그리고 아마도 아프고 병약해진 아버지의 모습보다 마지막 순간까지도 자식들의 그늘이 되고자 하셨던 따뜻한 아버지를 기억할 것이다.

더 행복해지는 것은 절대 어려운 일이 아니다. 큰 산으로만 보였던 아버지가 미음 한 모금에 행복했던 것처럼 말이다. 그녀의 아버지가 떠나기 며칠 전 했던 말이 생각난다.

"죽기 전에 먹을 수 있어서 기뻤습니다."

만약 내세(來世)가 있다고 한다면,
오직 한 사람, 나의 아내였던 사람 이외에는
어느 누구와도 만나고 싶지 않습니다.

— 칼 힐티

열다섯 번째

친구가 있어
그 길도 걸을 수 있었습니다

가끔 친구 많은 것을 자랑으로 삼는 사람들을 본다. 젊은 사람들이 결혼식에 몇 명의 친구가 왔는지를 두고 훈장처럼 이야기하는 모습을 본 적도 있고, 이런 분위기 때문에 친구가 별로 없는 사람들을 위한 하객 아르바이트까지 성행하고 있다. 물론 친구가 없는 것보다는 많은 게 좋다. 하지만 과연 그들 중 진짜 친구라 말할 수 있는 사람은 몇 명일까. 사실 사회생활을 하다 보면 일 년에 한두 번 보기 어려운 친구들도 많이 있다. 그마저도 지인들의 경조사가 대부분이다.

그래도 나는 '친구'라는 말이 참 좋다. 왜냐고 묻는다면 그냥 '좋다.'라고 밖에 표현할 수 없다. 그래서 인터넷에서 내 닉네임도 '친구'로 정한 지 오래다. 생각이 맞는 친구, 나보다 나를 더 잘 알고 힘들 때 위로가 되는 친구, 험한 길을 함께 해주는 친구가 단 한 명이라도 있다면 그 사람의 삶은 진정 행복하다 말할 수 있을 것이다.

    2003년 9월 어느 날, 양쪽 다리가 심하게 부은 젊은 여자가 남편과 함께 내원했다. 그녀를 보는 순간 문진을 하지 않고서도 불현듯 말기 암환자일 거라는 생각이 바로 들었다. 그러나 그들은 전혀 자신의 병을, 아내의 병을 모르고 있었고, 암일 것이라고는 짐작조차 못하고 있는 것 같았다. 그럴 것이 지난 6개월 동안 부종 때문에 여러 병원을 다녀도 딱히 진단 나온게 없었고, 다만 뚱뚱해서 그런 것으로 치부되었기 때문에 암은 용의선상에 없었을 것이다. 몇 가지 필요한 검사들을 하기 위해 입원을 제안했고, 부부는 그동안 육체적으로나 정신적으로 고생이 심했는지 바로 동의했다.
    의사로서 직관력이 좋은 것은 어쩌면 달란트인지도 모르겠지만 가끔은 그것이 틀렸으면 바랄 때가 있다. 물론 생명을 다루는 의사가 틀린다는 것은 부끄러운 일이지만 말이다. 그녀를 처음 봤을 때도 내 생각이 틀렸으면 했지만 결과는 예상을 빗나가지 않았다. 암이었다. 원발부위가 어디인지 아직 알 수 없지만 전신 림프절에 암이 퍼졌다는 소견이 나왔다. 무거운 마음으로 부부에게 검사 결과를 알려주었다. 남편은 아내의 손을 잡고 일어섰다. 분명히 오진일 거라며 검사 결과지를 갖고 국립암센터를 찾아 가겠다고 했다. 당연한 반응이었다. 이들은 조금 전까지만 해도 그저 다리의 부기를 빼기 위해 병원을 찾았던 평범한 부부가 아닌가.

일 년 후, 다시 부부가 찾아왔다. 놀라지 않을 수 없었다. 사실 그녀가 이미 고인이 되었을 거라 생각했기 때문에 그녀의 방문은 의외였다. 상대는 씩 좋지 못했다. 그도 그럴 것이 암이 더 많이 진행됐기 때문에 다리 상태 역시 더 나빠질 수밖에 없었다. 나는 그녀에게 그동안 잘 지냈느냐는 인사도 할 수 없었다. 먼저 현재의 상태와 가장 불편한 것을 물었다.

"그럭저럭 지내다 다리 부종이 더 심해지니까 너무 힘들더라고요. 말도 안 되는 건 알지만 이러다가 정말 다리가 터져버릴까 봐 겁도 났고요. 이젠 걸을 수도 없어요. 다른 건 다 참겠는데 터져나갈 것 같은 다리랑 통증은 너무 힘들어요. 방법이 없을까요?"

그녀 스스로 말이 안 된다 했지만, 환자의 다리 부종은 일 년 전과는 비교가 안 될 정도로 심해져 내가 보기에도 살짝만 건드려도 터질 것 같았다. 마사지 같은 소극적인 방법은 아무런 효과를 볼 수 없는 상황이었지만, 그렇다고 외과적 수술이 아주 적합하지도 않았다. 별다른 방도가 없었기 때문에 고심 끝에 위험 부담은 있지만 수술을 하기로 했다. 환자의 상태가 너무 안 좋았기 때문에 전신 마취도 할 수 없었다. 수술은 흡입기를 이용해 부종이 심한 부위의 지방과 수분을 흡입하는 것으로 진행됐다. 완치시키는 방법은 아니었지만, 증상을 완화하는 데는 도움이 되는 치료였다.

수술을 앞둔 전날 저녁, 병실에서 그녀에게 지난 고충을 들을 수 있었다.

"많이 힘들었어요. 처음 교수님께 암이란 얘길 듣고 저나 남편은 뭔가에 맞은 것 같았어요. 누가 안 그렇겠어요. 그저 이놈의 살들 때문이라고 대수롭지 않게 생각하고 찾은 병원인데 암이라니… 상상도 못했던 일이잖아요. 처음엔 오진일 거라 생각했어요. 그냥 그렇게 믿고 싶었는지도 모르죠."

세상 어느 누가 자신에게 닥친 죽음을 곧이곧대로 인정할 수 있겠는가. 죽음을 늘 염두에 두고 사는 사람들은 극히 소수일 것이다. 그만큼 곧 닥칠지도 모르는 죽음에 대한 공포는 엄청난 혼란과 두려움을 만들어 낸다. 오진이길 바라며, 다른 병원에서 재검사를 수차례 받아보기도 한다. 그러나 자신의 상태가 점점 나빠지는 것을 체감하면서 환자는 점차 현실을 받아들이게 된다.

"암센터에서 종합 검사를 하고 얼마나 마음을 졸이며 결과를 기다렸는지 몰라요. 선생님의 진단이 틀리면 따지러 와야겠다고 마음도 먹었죠. 위풍당당하게 병원 문을 열어젖히면서 말이죠. 만약 오진이었다면 선생님 꽤 곤란하셨을 걸요? 제 목소리가 좀 크거든요."

그녀는 이 상황에서도 농담이 나오는 모양이었다. 그런 그녀를 바라보며 '차라리 오진이었다면 얼마나 좋았을까?' 다시 한 번 생각했다.

"그런데 암이 맞대요. 한동안은 공황상태에 빠져서 뭘 해야 할지 모르겠더라고요. 그냥 우울증민 심해지고, 죽고 싶고……. 저는 이러고 있는데 곰 같은 우리 남편은 잘 다니던 직장도 그만두고 저를 살려보겠다고 사방팔방 열심히 뛰어다니는 거예요. 그래서 결심했어요. '그래 내가 살아준다.'

그런데요, 그것도 한계가 있더라고요. 그 사람 마음을 아니까 견디고 또 견디면서 고비를 겨우겨우 넘겼는데 더는 안 되겠더라고요. 그래도 여기까지 온 것만 해도 다행이라고 생각하며 감사하고 있어요."

이 부부는 부부라기보다는 친구 같았다. 서로 부를 때나 대화를 나눌 때 보면 '너무 막 대하는 건 아닌가.' 생각이 들 정도로 자유로운 관계라는 느낌이 들었다. 그렇다고 그들이 정말 막 대하는 건 아니었다. 말이나 행동이 다른 부부에 비해 자연스러워 정말 친한 친구처럼 보였을 뿐이지 실상은 누구보다 상대를 아끼고 배려하는 모습이 보기 좋았다.

알고 보니 그들은 대학 때 운동권 동아리에서 친구로 만났다고 했다. 한동안은 마음이 잘 맞는 동지로, 그리고 사랑하는 연인에서 평생의 동반자로 오늘까지 이르렀다. 옛날 이야기를 풀어가면서 그녀의 눈은 반짝거렸고 수줍은 듯 그때를 떠올리는 얼굴은 상기되어 있었다.

"남편은 저를 해방자라고 불러요. 저를 만나고 진정으로 자유로워졌다나요?"

남편은 부인하지 않았다. 비록 그는 아내의 병 때문에 직장까지 그만두고 병실에 묶여 있는 처지였지만 지금도 그 생각은 변함이 없다고 했다. 자신은 부인을 만나면서 진짜 자신을 찾았고, 자신이 원하던 세상이 어떤 건지 더욱 확실히 알게 되었다고 한다.

"둘 다 운동권이었기 때문에 생각이 비슷했어요. 그리고 항상 긍정적으로 살려고 노력했죠. 친구로 만나서 그런가, 어느 때는 애들처럼 많이 다투기도 했지만요."

"누가 보면 우리가 매일 싸운 줄 알겠다."

"그런가? 그렇다고 매일 싸웠단 얘긴 아니고요."

남편은 아내 말하는 게 재미있는지 간만에 소리내어 웃었다. 아내도 자신의 이야기가 재미있어서인지, 남편의 웃음이 기분 좋아서인지 한참을 따라 웃었다. 그러다가 갑자기 웃음을 멈춘 아내는 내게 몸을 기울이고 일급비밀을 털어놓는 듯 낮은 목소리로, 장난기를

남편도 그 마음을 아는지 다 들었으면서도
그녀의 말을 못 들은 척 웃음으로 대신하고 있었다.

잔뜩 머금고 말했다.

"지금이나 그때나 저이는 저를 지나치게 좋아해서 문제예요."

남편에 대한 고마움과 행복함의 표현을 그렇게 한 것일 테다. 남편도 그 마음을 아는지 다 들었으면서도 그녀의 말을 못 들은 척 웃음으로 대신하고 있었다. 그렇게 두 사람은 수술 전날 밤의 긴장을 지난 이야기로 풀어내고 있었다.

수술은 예상대로 쉽지 않았으나 별 무리 없이 진행되었다. 많이 힘들었을 텐데도 그녀는 잘 견뎌주었고, 수술 일주일 만에 걸어서 집으로 퇴원할 수 있었다. 퇴원을 앞두고 그녀는 다시 걸을 수 있다는 사실에 조금은 흥분된 모습을 보이기까지 했다. 물론 이제 막 걸음마를 시작한 아이처럼 걸을 수밖에 없었으나, 아내를 바라보는 남편의 얼굴도 정말 행복해보였다. 부부는 번갈아가며 감사하다는 말을 몇 번씩이나 되풀이했다. 해방자답게 씩씩한 모습으로 병원을 나서던 그녀는 나와 약속했다.

"다음엔 한걸음에 달려올게요."

그로부터 한 달 후, 그녀가 다시 병원에 내원했다. 그러나 그녀는 약속을 지키지 못했다. 이젠 남편의 도움으로도 걷기 어려운지 간이 침대가 그녀의 다리를 대신하고 있었다. 피를 많이 토하고 혈변을 계속 보았으며, 의식 상태는 극도로 나빠져 있었다. 그녀는 이미 돌아올 수 없는 강의 저편으로 건너가는 중이었다. 나는 남편에게 마음의 준비를 하라고 전하고, 가족들을 불러 마지막 인사를 하도록 하였다.

　남편은 몹시 당황했고 심한 충격에 빠져 그럴 일이 없다며 몇 번이고 나의 의견을 확인했다. 아내는 천천히 죽어가고 있었지만 정작 남편은 아내의 죽음을 전혀 생각하지 않았는가보다. 마치 실성한 사람처럼 행동하며 구토 증세도 보였다. 무엇보다 지금은 그가 정신을 차려야 했다. 그래야 아내의 마지막 길을 제대로 배웅할 수 있었다. 가족들에게 그를 안정시키길 권했고, 시간이 지나면서 그는 조금씩 현실을 받아들였다.

　점점 더 의식이 희미해져 가던 그녀는 마지막으로 깊은숨을 몰아쉬고는 조용히 눈을 감았다. 남편은 배우자이자 친구로서 그녀의 마지막 길을 함께 해주며 아무 움직임이 없는 그녀의 손을 오랫동안 놓지 못했다.

　그들은 같은 세상을 꿈꾸는 동지로 만나 서로의 아픔을 다독일 수 있는 친구가 되었고, 결혼을 하고 평생을 함께 하자 약속했다. 그리고 투병 내내 그 약속을 지키고자 서로를 다독이며 잘 견뎌냈다. 언제나 항상 곁에 있을 것 같았던 아내의 빈자리는 남편에게 한동안 무척이나 낯설게 느껴질 것이다. 문득문득 밀려오는 그리움을 주체

못해 홀로 눈물 흘리는 때도 많을 것이다. 그러나 결국 다시 그를 살게 하는 건 마지막 순간까지도 서로 사랑했던 기억, 힘이 되어주었던 기억일 것이다. 그들은 결국 원하지 않는 이별을 해야 했지만 이것이 슬프기만 하지는 않은 이유다. 수술 전날 그녀가 했던 말이 기억난다.

"제 인생의 가장 큰 행복은 소중한 친구를 만난 것이고, 그 친구가 바로 제 남편이랍니다."

우리는 우리의 인생을 바꿀 수 있다.
우리는 할 수 있고, 가질 수 있으며,
또 우리가 정확하게 원하는 것이 될 수 있다.
— 토니 로빈스

열여섯 번째
나를 사랑하는 일은
나를 행복하게 합니다

누군가 나에게 취미가 뭐냐고 물으면 항상 고민에 빠진다. 학창시절에는 글을 쓰는 것이 좋아 종종 시를 썼기 때문에 '시 쓰기'라고 당당하게 대답할 수 있었지만, 지금은 바로 대답하기 망설여지는 취미를 갖고 있기 때문이다. 내 취미는 공부. 물론 내가 대답을 망설이는 이유는 공부가 당당하지 못한 취미라서가 아니다. 공부가 취미라고 하면 언제나 재미없다는 핀잔을 듣는 것이 스스로 민망하기 때문이다. 그래서 가끔 나는 내 취미를 상황을 봐서 멋대로 만들어내기도 한다.

요즘은 공부 이외에 다른 사람들과 함께 할 수 있는 취미가 필요하다는 생각을 한다. 우연한 기회에 환자들의 다양한 취미활동이 삶에 활력을 주고 의지를 북돋아준다는 것을 알게 되었기 때문이다.

일 때문에 영국 런던에 있는 크리스토퍼 호스피스 센터를 방문한 적이 있다. 그곳에는 층마다 환자나 가족들이 기록한 글들과 취미 삼아 그린 그림들이 걸려 있다. 누가 그린 그림인지, 누가 쓴 글인지는 알 수 없으나 그들이 남기고 간 글과 그림에는 하나같이 '따뜻한 행복'이 묻어났다. 적어도 그 순간만큼은 환자는 통증으로부터, 보호자는 병간호의 피곤함으로부터 자유로웠음을 알 수 있었다.

몇 해 전, 우리 병원에는 항상 손에서 책을 놓지 않고 틈만 나면 글을 쓰던 환자가 있었다. 나는 그녀가 진짜 작가인 줄 알았다. 그래서 프로정신 때문에 죽는 순간까지 펜을 놓지 않는 줄 알았다.
"언제부터 글을 쓰셨어요?"
"10년쯤 됐어요."
"문단에도 등단하셨어요?"
"예? 아휴, 제가 무슨……."
그녀는 손사래를 치며 부인했다. 자신은 그냥 자기만족을 위해 혼자 글을 쓰고 있다고 했다. 그녀가 취미로 글을 쓴다는 걸 알고 난 후 나는 오히려 그녀가 몇 배는 더 멋져 보였다. 사실 취미라는 건 삶에 여유가 있을 때 즐기는 것 아닌가. 언제나 온몸을 감싸오는 통증과 끝을 알 수 없는 기나긴 치료 때문에 세상 누구보다 지치고 힘

든 시간들을 보내고 있을 말기 암환자가, 취미를 즐길만한 마음의 여유를 갖는다는 것은 내가 아는 선에선 어려운 일이었다. 그럼에도 어떻게 정신적으로 많은 에너지를 소모해야 하는 글쓰기를 선택하게 됐는지 동기를 물었다.

"음, 뭐라고 설명해드려야 좀 폼이 날까요?"

그녀는 장난 어린 표정으로 잠시 고민하다 이야기를 시작했다.

"저는 외아들인 집안에 며느리로 들어가 가정일에만 충실했어요. 그러다가 시부모님이 편찮으셔서 병시중을 5년 했는데, 그분들이 돌아가시고 나니 남는 게 하나도 없더라고요. 경제적인 문제가 아니라 제 인생이 그랬어요. 한동안 우울증에 빠져 '내 인생은 이대로 끝인가' 신세 한탄만 했었죠. 사는 게 그렇게 재미없을 수 없었어요."

세상이 변했다고는 하나 아직도 우리의 어머니들은 자신보다는 항상 남편, 자식, 시부모님이 먼저다. 그리고 세상은 아내이자, 어머니이자, 며느리의 희생이 당연한 줄 알고 살아가고 있다.

"이래선 안 되겠다 싶어 취미생활을 찾았어요. 헬스클럽도 다니고, 악기도 배우고……. 그래도 항상 허전하더라고요. 그러다가 어느 날 우연히 EBS에서 〈초원의 빛〉이란 영화를 봤어요. 웨런 비티와 나탈리 우드가 주연한 사랑이야기인데 둘은 사랑하지만 어쩔 수 없이 헤어지게 되고 결국은 각자의 길을 가게 된다는 뭐 그런 올드

한 영화였지요. 그런데도 제가 이 영화를 참 좋았다 기억하는 건 영화 마지막 부분에 나오는 대사 때문이에요. 워즈워드의 〈초원의 빛〉이란 시 구절인데요."

그녀는 잠시 눈을 감았다. 그리고는 마치 연극 무대에 선 배우처럼 자신의 온 감정을 실어 시 한 구절을 멋지게 낭송했다.

"초원의 빛이여, 그대의 영광 힘을 얻으소서."

어쩐지 그녀의 모습이 귀엽단 생각이 들었고, 그녀도 자신의 모습이 우스웠는지 "주책없죠?"라며 웃음을 참지 못했다.

"저도 그 영화 좋아해요. 〈초원의 빛〉이란 시도 제가 유일하게 암기하는 시고요. 그 시를 읽고 있으면 저도 모르게 감정에 휩싸이죠."

"상상도 못했어요. 교수님이 시를 좋아하시는 줄은!"

나의 예기치 않은 고백이 놀라우면서도 반가운 듯했다. 그녀는 한껏 들뜬 목소리로 계속 이야기했다.

"이 구절을 듣고 한동안 멍했어요. 꿈 많은 소녀 시절로 돌아가는 기분이었죠. 그때는 정말 책도 많이 읽고 글도 많이 쓰고 그랬었는데……. 친구들과 서로 시를 읽어주면서 울고 웃던 시절이 생각나더라고요. 지금 생각하면 참 유치한데 그땐 그게 그렇게 행복했지요."

그녀의 고등학교 시절이 머릿속에 그려졌다. 중년의 나이에도 이리 고운 감성을 가지고 있으니 그 시절엔 눈물도 웃음도 더욱 많은 예쁜 소녀였을 것 같았다.

"온종일 그 시가 제 머릿속을 맴돌더니 시가 쓰고 싶어지더라고요. 무작정 서점에 들러서 책을 읽고 틈만 나면 글을 쓰기 시작했어요. 물론 습작이지만 그래도 이렇게 책을 읽고 글을 쓸 때는 너무너무 행복해요. 글을 쓰고 있으면 내가 암환자라는 것도 잊게 되죠. 우리 남편이 그러는데요, 제가 글을 쓸 때는 눈이 반짝반짝하대요."

"정말 그러세요. 글을 쓰실 때는 어느 유명 작가 부럽지 않던걸요? 저도 작가가 꿈이었는데 고등학교 때 신춘문예에 떨어지고 나서는 포기했어요. 나중에 글 쓴 것 좀 보여주세요."

그녀의 나이 마흔아홉, 대장암 말기 환자였다. 이미 암이 꽤 진행된 상태라 통증이 심할 텐데도 항상 웃음을 잃지 않았고, 그 와중에도 책을 읽고 글을 쓰며 고통을 이겨내고 있었다. 그녀는 나와 우리 병동 간호사들을 위한 글도 써주곤 했다. 이것이 그녀가 '김 작가님'으로 불리는 이유였다. 그녀의 글은 다듬어지지는 않았지만 나름의 투박한 멋이 있었다. 누군가에게 글을 선물할 때는 정말 행복해 보였고 전문작가 못지않은 자긍심과 용기가 흘러넘치는 것 같았다.

좀처럼 잡히지 않는 통증 때문에 입원했던 그녀는 어느 정도 통증이 조절되자 바로 퇴원할 수 있기를 원했다. 그러나 통증 조절이 완벽히 된 상태가 아니어서 남편을 외래로 불러 환자에 대해 상의해야 했다. 남편은 꽤 난처해했다.

"집사람이 고집을 부리기 시작하면 누구도 이길 수가 없어요. 제가 뭐라 해도, 자식들이 뭐라 해도 막무가내예요. 원래 성격은 그렇지 않았거든요. 말없이 집안일 열심히 하고 애들 잘 키우고, 시부모님도 잘 모시는 싫은 소리 한 번 안 하던 천생 여자였죠. 그런데 시부모님 병시중이 힘들었는지 돌아가신 다음에 우울증으로 힘들어 하더라고요. 그리고는 여러 가지 취미 생활을 하다가 어느 날부터인가 다 그만두고 글을 쓰기 시작했어요. 글 쓴 후로는 활력도 되찾고 얼마나 반가웠는지 몰라요. 저뿐만 아니라 아이들까지도 모두 진심으로 기뻐했죠."

그러더니 그는 한숨을 쉬었다. 그 후 아내의 성격이 달라져도 너무 달라졌다고 했다. 자기주장이 강해져서 한 번 하겠다 하면 누구도 말릴 수 없게 됐다. 그는 언제나 가족들을 가장 먼저 배려하던 아내의 갑작스러운 변화가 놀랍기도 하고 동시에 섭섭하기도 한 것 같았다.

"그런데 덜컥 암에 걸렸어요. 열심히 치료를 받아도 결과는 계속 안 좋더라고요. 혹시 아내가 좌절하지는 않을까 걱정했는데 그래도 계속 글을 쓰더라고요. 그러면서 마음을 다스렸는지 생각보다 쉽게 정리를 하더군요. 그게 어찌나 미안하고 불쌍하던지……."

이 글이 어쩌면 마지막 인사가 될지 모르지만
이 순간 당신을 떠올릴 수 있어서 정말 행복합니다.

그녀는 원하던 대로 다음 날 퇴원했다. 통증을 조절하는 몇 가지 방법에 대해 그녀와 남편에게 설명해주었다. 집으로 향하는 그녀의 모습은 밝아 보였다. 이번이 마지막 외출이라는 사실을 본인도 알고 있을 터였다. 다음에 입원하면 병원에서 마지막 순간을 맞이하게 될 수도 있었다. 나는 여러 가지 생각이 뒤엉킨 쓸쓸한 마음으로 '김 작가님'을 집으로 보내야 했다.

2주 후, 응급실에서 연락이 왔다. 의식이 없는 환자라고 했다. 달려가 보니 김 작가님, 그녀였다. 그녀의 마지막 외출은 예상보다 훨씬 짧았다.

나는 특별한 검사 없이 환자를 1인실로 입원시켰다. 이미 임종과정으로 넘어가는 순간이었다. 몇 시간 후 그녀는 남편과 자식들이 보는 앞에서 조용히 눈을 감았다. 돋보기를 끼고 열심히 무언가를 성심껏 써내려가며 행복해하던 그녀는 그렇게 멀고 먼 세상으로 새처럼 날아가버렸다.

며칠 후 그녀의 남편이 찾아와 뜻밖의 선물을 내밀었다. 다시는 받을 수 없을 것으로 생각했던 그녀의 글이었다. 퇴원 후 집에서 보내며 나를 위해 쓴 글 같았다. 아마도 유품을 정리하다 발견한 모양이었다. 비록 몇 줄 안 되는 글이지만 나는 다시 한 번 그녀를 추억할 수 있었다.

암이란 고통 속에 하루하루를 보냅니다.

외로운 터널을 가고 보면 더 큰 터널이 나를 기다리고 있습니다.

그 멀고도 험한 터널 마지막에서 당신을 만났습니다.

당신을 만났기에 혼자 가는 이 길이 외롭지만은 않았습니다.

이런 감정 이런 생각은 암이란 질병을 앓고 떠나는 사람들은 누구나 한결같을 겁니다.

누구도 가기 어려운 길이지만, 그 길을 가시는 당신에게 무한한 감사를 드립니다.

이 글이 어쩌면 마지막 인사가 될지 모르지만 이 순간 당신을 떠올릴 수 있어서 정말 행복합니다.

그녀는 떠났지만 그녀의 글은 모든 사람에게 오랫동안 기억될 것이다. 지금쯤 그녀는 하늘에서도 한 줄의 글을 써내려가고 있지 않을까. 어쩌면 그곳에서는 돋보기가 필요 없을지도 모르겠다.

차가운 침대에 누워라.
그리고 그 파아란 촉감을 느껴라.
침대는 차차 훈훈해지고 어둠이 밤의 침묵이 그대를 덮을 것이다.
— 오쇼 라즈니쉬

열일곱 번째

생소한 여유가
진짜 삶을 알게 했습니다

바쁜 인생을 살다가도 어느 순간 앞만 보며 살아온 자신의 삶을 돌아보게 되는 때가 있다. 그러나 우리가 삶을 돌아보게 되는 시점은 안타깝게도 이미 돌이키기 어려운 순간일 때가 많다.

나는 수많은 사람에게 남은 삶이 길지 않음을 어렵게 전해왔다. 보통 시한부 삶을 선고받은 사람들은 처음엔 부정하고 분노하는 모습을 보이는데, 그러다가 현실을 인정하게 되면 삶을 돌아보는 계기를 갖고 후회도 한다.

의사로서 다양한 분야의 사람들을 만나다보면 가장 많은 후회를 하는 사람들은 아이러니하게도 사회적으로 성공한 사람들이다. 자신의 삶을 돌이켜 볼 새도 없이 성공을 위해 앞만 보고 살아왔던 그들은 죽음과 맞닥뜨리게 되면 오히려 다른 이들보다 더 큰 후회를 한다. 그리고 몸을 자유롭게 움직일 수 없게 된 후에야 비로소 여유가 주는 행복을 알게 되는 경우가 있다.

어느 날 새벽, 생의 마지막 숨을 몰아쉬는 한 남자 환자가 있었다. 그는 곁을 지키고 있는 아내에게 할 말이 있는지 온 힘을 집중하기 위해 애쓰고 있었다.

"미안해, 미안해. 사, 랑, 해……."

아내는 한마디라도 놓칠세라 남편에게 몸을 기울였다. 그리고 말 속에 담긴 의미를 하나하나 가슴에 담기 위해 노력했다. 아내는 남편의 죽음이 임박했음을 느끼며 멈출 것 같지 않은 굵은 눈물을 닦아내고 사랑하는 이에게 마지막 인사를 건넸다.

"여보, 미안해, 내가 미안해. 사랑해! 듣고 있지? 응? 내 말 듣고 있지?"

남편은 대답하지 못했다. '삐이' 심정지 신호음만이 그 대답을 대신하고 있었다.

그는 부모님에게 세 딸을 낳은 끝에 얻은 귀중한 아들이었고, 자연스럽게 사업체를 경영하고 있던 아버지 뜻을 따라 어려서부터 경영수업을 받았다. 고등학교까지는 국내에서 다니고 대학과 대학원은 미국의 유명대학에서 MBA 과정을 이수했다. 유학 후에는 국내로 돌아와 아버지 회사에 평사원으로 입사했다. 밑바닥부터 차근차근 일을 배운 그는 사십대에 연로하신 아버지를 대신해 회사의 대표 자리까지 올랐다. 그의 결혼도 인생처럼 큰 어려움이나 곤란은 없었다. 부모님께서 친분을 맺어온 집안의 딸과 중매로 만나 결혼을 했고, 경제적으로나 가풍이나 비슷한 가문이라 부부관계도 이렇다 할 어려움이 없었다.

그의 하루는 이른 새벽 아이들이 일어나기 전에 시작되었고, 아이들이 한참 꿈나라를 여행할 때 끝났다. 수많은 미팅과 회식으로 바쁜 하루하루를 보냈기 때문에 가족들과의 식사도 하나의 스케줄이 되었고, 시간적 여유가 생기면 가족과 함께 보내기보다는 회사 일로 남은 시간을 보냈다. 또한 매사에 철두철미해서 일간, 주간 그리고 연간 계획까지 모두 세웠으며 심지어 일선에서 물러나는 날까지 흐트러짐 없는 생활을 하기 위해 노력했다. '여유'는 들어갈 틈이 없었다. 아내와도 공식적인 부부 동반 모임 외에는 함께하는 날이 거의 없었다. 자녀의 성장 과정 역시 그에겐 너무나 먼 이야기였다.

그는 아내와 가족에게는 화를 잘 냈다. '잠시의 여유'는 사치이자, 게으른 자의 자기 합리화라 생각 할 정도로 매우 강한 성격이었다. 게다가 가족들도 자신처럼 살길 원했고, 그래서 가족들의 부족한 점이 눈에 보이는 것을 참지 못했다.

그는 항상 몸에 좋은 최고급 식단을 고집했고, 일정량의 운동으로 자신을 관리했다. 일 년에 한 번씩 최고의 의료진에게 고가의 건강검진을 받으며 자신의 건강을 자부해왔다.

그런 그가 어느 날 심한 피로감을 호소하며 병원을 찾았다. 담도암이었다. 나름대로 철저하게 자기 관리를 해 왔다고 자부하던 그에게 암 선고, 게다가 예후가 안 좋다는 담도암 진단은 받아들이기 어려운 결과였다. 의사는 그에게 3개월 정도의 시간이 남았다며, 항암치료를 한다면 6개월까지 살 수 있다고 했다. 그의 인생 계획표에는 아직 해야 할 일들이 많이 남아 있었지만 이제 모든 것을 수정해야 할 시간이 다가온 것이다.

갑작스러운 암 진단은 많은 혼란과 고통을 안겨주었다. 믿고 싶지 않았고 모든 것에 화가 났다. 한참이 지나서야 상황을 냉정하게 돌아볼 수 있게 되었다. 그는 많은 설득에도 병원 치료를 포기했고 대체의학 치료를 받기 위해 퇴원했다. 남은 3개월 동안 해야 할 일을 조금 더 해야 한다고 생각했던 것이다.

그러나 그의 생각과는 달리 병은 예상보다 빨리 진행됐고, 극심한 통증과 합병증으로 한 달여 만에 다시 입원했다. 이미 항암치료를 할 수 없을 만큼 암이 커져 다른 장기 부위로 전이되었기 때문에 적극적인 치료가 무의미했다.

우선은 통증과 여러 가지 합병증의 증상 조절을 위해 호스피스 병동으로 옮겨졌다. 암은 이제 통제를 벗어나 그를 고통의 사지로 몰아넣고 있었다. 그와 가족들은 얼마 남지 않은 시간을 함께 보내기로 했다.

처음 그가 가족과 함께 있는 모습은 어딘지 모르게 어색했다. 그런데 정작 그는 침대에 오래 누워 있어야 하는 것을 가장 어색해했다. 스스로 아무 계획도 세울 수 없음에 초조하고 분노했다. 태어나서 처음으로 뜻대로 할 수 없는 현실에 좌절했다. 그렇게 부정과 분노의 시간이 지나자 차츰 삶을 돌아 볼 '여유'를 가지게 된 것 같았다. 가족의 소중함에 대해 다시 생각하게 됐고 그의 병실은 전에 느낄 수 없었던 온기로 가득 찼다. 그리고 언제부터인가 얼굴에서 평안함을 볼 수 있었다.

회진을 돌던 어느 날 오후, 처음 봤을 때의 우울하고 분노하던 모습을 보이던 그가 많이 편안해진 모습으로 면담을 요청해왔다.

"그동안 너무 앞만 보고 살아온 같아요. 예전엔 몰랐는데 이제 와 보니 저 때문에 아내나 아이들이 많이 힘들었을 것 같다는 생각이 듭니다. 계획성 있게 잘 살아왔다고 자부했고 그게 가족들을 위하는 길이라고 생각했는데……."

누구나 살아가는 방식에 차이가 있듯 사랑하는 방식에도 차이가 있다. 그가 가족들에게 엄격한 잣대를 적용했던 것은 그들 또한 자신처럼 계획에 따라 성공적인 삶을 살 수 있기를 바랐던 것이지 사랑하지 않았기 때문은 아니었을 것이다.

"왜 그렇게 각박하게 살았는지 모르겠네요. 아프고 나서야 여유가 얼마나 중요했는지 알 것 같습니다. 늦게나마 알게 된 게 다행이겠죠?"

병색이 짙었지만 얼굴에서는 여유로움이 보였다. 그는 아내와 나누지 못했던 자식들 자라온 이야기나 지난 추억에 대해 많은 대화를 나누었고, 시간이 날 때마다 자신이 느끼는 것들을 메모하기도 했다. 아내는 그동안 보지 못한 남편의 다정다감한 모습에 놀라면서도 행복해했다. 그러나 그의 얼굴은 하루가 다르게 노랗게 변했고, 병은 점점 더 악화되어 예전의 힘찬 모습은 어디에서도 찾을 수 없었다.

며칠 후 그가 나에게 두 번째 면담을 신청했다.

"아내와 바다에 가고 싶어요. 시간이 나면 같이 가자고 약속했었는데 그게 언제였는지도 가물가물하네요. 뭐가 그렇게 바빠 여태껏 그 약속 하나 못 지키고 살았는지……. 이제라도 지키고 싶습니다. 도와주실 수 있을까요?"

"그럼요, 방법을 알아보고 준비해드리겠습니다."

말기 암환자의 여행은 여러 가지 갑작스러운 상황이 올 수 있기 때문에 권하지 않는다. 당시 그는 통증 때문에 수시로 진통제를 맞고 있었고, 간 기능이 안 좋아 간성혼수에 자주 빠지는 상태라 허락하기 어려웠다. 그러나 마지막이 될지 모르는 '여유'를 아내와 함께하고 싶어하는 그의 눈빛은 간절해 보였다. 차마 안 된다고 말할 수 없었다. 진통제와 함께 필요할 만한 상비약을 빠짐없이 준비한 나는 다음날 부부와 동행하기로 했다.

그러나 출발하기 전날, 그에게 다시 갑작스러운 간성혼수가 왔다. 아무래도 여행은 힘들지 않을까 싶었지만 관장을 하고 어느 정도 기력이 회복되자 그는 다시 서둘러주기를 원했다. 이동 시 구급차보다는 승용차가 편할 것 같아 회사 차로 이동하기로 하고 그와 부인, 나와 기사, 모두 네 명이 함께 여행길에 올랐다.

여행지는 병원에서 가장 가까운 인천으로 정했는데도 그날따라 유독 차가 많이 막혀 환자에게 무리일 것 같았다. 할 수 없이 근처 호텔에서 1박을 하기로 했다.

"여보 미안해. 바다는 내일 보러 갑시다. 오늘은 좀 무리했나 봐."

약속을 지키지 못해 미안해하는 남편의 모습에 아내는 다 괜찮아질 거라며 끊임없이 위로와 희망의 말을 건넸다. 나는 그가 안정을 취할 수 있도록 도와주고 내 방에서 잠시 눈을 붙였다. 깜빡 잠이 든 순간 기사가 다급하게 방문을 두드리는 소리가 들렸다.

"교수님, 교수님. 좀 도와주세요."

서둘러 가보니 그는 극심한 통증에 매우 고통스러워하고 있었다.

"잠시만 기다리세요. 진통제 놓아 드릴게요."

불안해 보이는 부인을 위로하는 사이 그는 안정을 되찾았지만 오래가진 못했다. 두시간 후, 환자는 다시 통증으로 괴로워했고 안정제를 투여한 후에야 잠을 청할 수 있었다. 나도 보호자를 안심시키고 휴식을 취했다. 그러나 새벽 다섯시쯤 다시 기사가 내 방문을 다급하게 두드렸다.

"교수님, 회장님 숨소리가 이상해요!"

정말 그의 호흡음이 이상했다. 가래가 많이 끓었고 의식 상태도 명료하지 못했다. 서둘러 병원으로 가야 하는 상황이었다. 그는 사경을 헤매면서도 여행을 포기하지 않으려 했다.

"여, 여보, 가자, 바다······. 선생님, 약, 속, 꼭 지키고 싶어요."

부인에게 환자의 상태를 설명하고 우리 일행은 급히 차에 올랐다. 이동 중에도 환자의 상태가 점점 나빠지는 것을 보고 있자니 자동차가 더 빨리 달릴 수 없다는 사실이 원망스러웠다. 정말 손에 땀을 쥐는 순간이었다.

이른 새벽이라 차는 거의 없었지만 시간과는 상관없이 그의 맥박은 이미 손으로는 촉진되지 않았고, 병원에 도착하자마자 응급처치를 시행했지만 쉽사리 호전되지 않았다. 다음날 새벽 그는 숨을 더욱 거칠게 몰아쉬고 있었다. 가래는 점점 더 심하게 끓었으며, 소변도 더는 나오지 않았다. 이제는 정말 마지막이라는 사인이 그의 몸에서 하나둘씩 나타나고 있었다. 나는 가족들을 불러 모으고 마지막 인사를 하라고 전했다.

부인은 힘없는 그의 손을 잡고 얼굴을 어루만져주었다. 그는 잠시 눈을 뜨고 초점이 없는 눈동자로 아내의 얼굴을 기억하려 애쓰며 무언가 말하려고 했으나, 몸은 생각을 따라가지 못했다. 그는 가까스로 입을 열어 아내에게 마지막 말을 건넸다.

"여보, 미안해, 미안해. 사, 랑, 해······."

이렇게 말할 수밖에 없는 자신이 속상했는지 그의 눈에선 하염없이 눈물만 흘러내렸다. 잠시 후 그는 다시는 깨어날 수 없는 잠속으로 깊이 빠져들고 말았다. 시간을 쪼개고 쪼개며 완벽한 계획에 맞춰 앞만 보고 살았던 짧은 생은 이렇게 마무리되었다.

아마도 사람들은 생전 그의 삶을 부러워했을 것이다. 어디로 보나 동경할 수밖에 없는 삶을 살았다. 단 하나 그에게 부족한 것이 있다면 '여유'였다. 생각보다 많은 사람이 그와 비슷한 삶을 살고 있다. 과중한 업무와 촉박한 시간에 쫓기며 가족은 물론 자신도 되돌아볼 여유도 없이 바쁘게 말이다.

나는 등산을 좋아한다. 어떤 산이든 출발 지점에서 꼭대기를 바라보면 '언제 저기까지 올라가지?'라는 생각이 든다. 그런데 주변의 나무와 계곡을 바라보고 물 한 모금 마시며 하늘 한 번 바라보다 보면 어느새 산 중턱에 이르게 된다. 그럴 때면 차오르는 숨을 달래기 위해 주변 사람들과 오이도 나눠 먹고 허기진 배를 컵라면으로 채우며 잠시 휴식을 가지기도 한다. 그러다 보면 어느새 피로는 가시고 다시 산에 오를 힘이 생긴다. 처음 산에 올랐을 때는 얼른 정상을 정복하고 싶은 욕심에 쉼도 없이 걷고 또 걸었던 적도 있었다. 그럴 때면 어김없이 녹초가 되고 발은 더는 걸을 수 없을 만큼 통통 부어오르곤 했다. 내가 산에서 무얼 보았는지 누굴 만났는지 기억나지 않을 때도 많았다.

우리의 인생에서 '여유'란 거창한 것이 아니다. 내가 온 길을 잠시 돌아보며 곁에 있는 이와 눈을 마주치고, 물 한잔 나누어 마실 수 있는 여유만으로도 우리는 후회 없는 삶을 살 수 있을지도 모른다. 그가 남긴 한마디가 모든 것을 말해주는 것은 아닐까?

"여유가 이렇게 좋은 것인 줄 몰랐습니다. 늦게나마 알게 되어서 정말 다행이예요."

가족의 소중함에 대해 다시 생각하게 됐고,
그의 병실은 전에 느낄 수 없었던 온기로 가득 찼다.

추천사
많은 죽음을 지켜본 사람들이
이 책을 추천하는 이유

● 홍영선(서울성모병원 병원장) 염창환 의사는 지나칠 정도로 삶을 사랑하는 사람이다. 그러기에 죽음도 진지하게 바라볼 수 있는 듯하다. 그가 자신이 걸어온 삶의 발자국을 돌아보며 밤을 새워 마음속의 구슬을 꿰어 태어난 이 책이 많은 사람에게 아름다운 기도가 될 것이라고 믿는다.

● 이창걸(연세의대 방사선종양학교실 주임교수) 이 책은 완치된 사람들의 이야기가 아니다. 행복한 죽음을 이야기하는 책이라기에 한 명이라도 기적적으로 살아난 이야기가 있는지 끝까지 읽어보아도 그런 사람은 없었다. 그러나 이 책은 아름답다. 마지막을 소중하고 헛되지 않게 마무리했던 사람들과 그들의 곁을 끝까지 지켰던 사람들의 이야기가 우리는 마지막까지 행복해질 수 있다는 것을 말해준다.

● 허대석(한국보건의료연구원 원장/서울의대 내과 교수) 우리는 의료에 집착하게 되는 환경 때문에 임종 기간 동안 불필요한 고통과 영적 혼돈으로 불행한 모습을 흔히 보게 된다. 이 책은 임종 과정이 육체를 편안하게 해 주면서 영적 상처를 치유하는 길이 되어야 함을 보여준다. 일상을 살아가는 이들에게도 자신의 삶을 되돌아보는 좋은 길잡이가 될 수 있을 것으로 기대한다.

● 최윤선(고려의대 가정의학과 교수/고대 구로병원 호스피스 완화의료센터장) 삶을 완성해가는 과정에서 누구도 피해 갈 수 없는 단계가 죽음이다. 이 책은 스스로 삶과 죽음의 의미를 찾고자 하는 이들을 위한 저자의 애정이 돋보인다.

● 김시영(한국호스피스완화의료학회 이사장/경희의대 내과 교수) 이 글을 읽는 동안 마음속 깊은 곳으로부터 치밀어 오르는 뭉클함과 함께 눈시울이 뜨거워졌다. 그리고 의사로서의 나 자신을 돌아보게 되고, 환자에게 나라는 의사는 어떤 존재일까 생각하게 되었다. 염창환 의사의 글을 통하여 많은 의사가 지식을 가진 기술자로서가 아닌, 환자라는 인간을 돌보는 또 하나의 '인간으로서의 의사'로 돌아오기를 기대한다.

● 강경아(한국호스피스완화간호사회 부회장/삼육대 간호학과 교수) 이 책은 호스피스 완화의료 의사의 눈을 통해 바라본 말기 암환자들의 이야기를 17편의 아름다운 수필을 통해 담담하게 전하고 있다. 삶과 죽음의 경계에서도 진정한 행복의 의미를 발견해 가는 과정을 들려줌과 동시에 호스피스 완화의료의 진정한 사명이 무엇인지 깊게 통찰할 수 있게 해 준다.

● 고윤석(한국의료윤리학회 회장/울산의대 내과 교수) 늘 환자의 곁을 지킨다 해서 '지킬박사'라는 별명을 얻은 염창환 의사의 따뜻한 시선이 담겨 있는 책이다. 삶의 마무리를 아름답고 평화롭게 하는 것이 떠나는 이는 물론, 떠난 이를 기억하는 이들에게 얼마나 큰 축복인지를 이 책은 보여주고 있다.

● 이혜리(연세의대 가정의학과 교수) 누구도 피할 수 없는 죽음을 앞에 두고 자신의 삶을 마지막까지 사랑으로 보듬어 주는 것이 얼마나 의미 있고 남다른 죽음을 맞게 하는지 사람들은 잘 모른다. 저자는 따뜻함이 묻어나는 생생한 체험을 바탕으로 행복한 죽음에 대한 깊은 통찰을 가능하게 해준다.

● 이경식(서울성모병원 완화의학과 명예교수) 이 책은 누구나 거쳐야 하는 죽음을 어떻게 아름답게 마무리할 수 있는지 보여주는 주옥같은 글이다. 그리고 우리의 죽음이 삶의 끝이 아니라 '삶의 완성'이 될 수 있다는 진리를 보여준다.

KI신서 2971
한국인, 죽기 전에 꼭 해야 할 17가지

1판 1쇄 발행 2010년 11월 30일
1판 2쇄 발행 2010년 12월 15일

지은이 염창환
펴낸이 김영곤 **펴낸곳** (주)북이십일 21세기북스
출판콘텐츠사업부문장 정성진
출판개발본부장 김성수 **인문실용팀장** 강선영
기획·편집 최혜령 **디자인** 임재경(표지)·씨디자인(본문) **포토그래퍼** 진성기
마케팅영업본부장 최창규
마케팅·영업 김보미 김용환 이경희 허정민 우세웅 김현유 **해외기획** 김준수 조민정
출판등록 2000년 5월 6일 제10-1965호
주소 (우413-756) 경기도 파주시 교하읍 문발리 파주출판단지 518-3
대표전화 031-955-2100 **팩스** 031-955-2151 **이메일** book21@book21.co.kr
홈페이지 www.book21.com
21세기북스 ·**트위터** @21cbook ·**블로그** blog.naver.com/book_21

ⓒ 염창환, 2010

ISBN 978-89-509-2725-7 03180

*책값은 뒤표지에 있습니다.
*이 책 내용의 일부 또는 전부를 재사용하려면 반드시 (주)북이십일의 동의를 얻어야 합니다.
*잘못 만들어진 책은 구입하신 서점에서 교환해 드립니다.